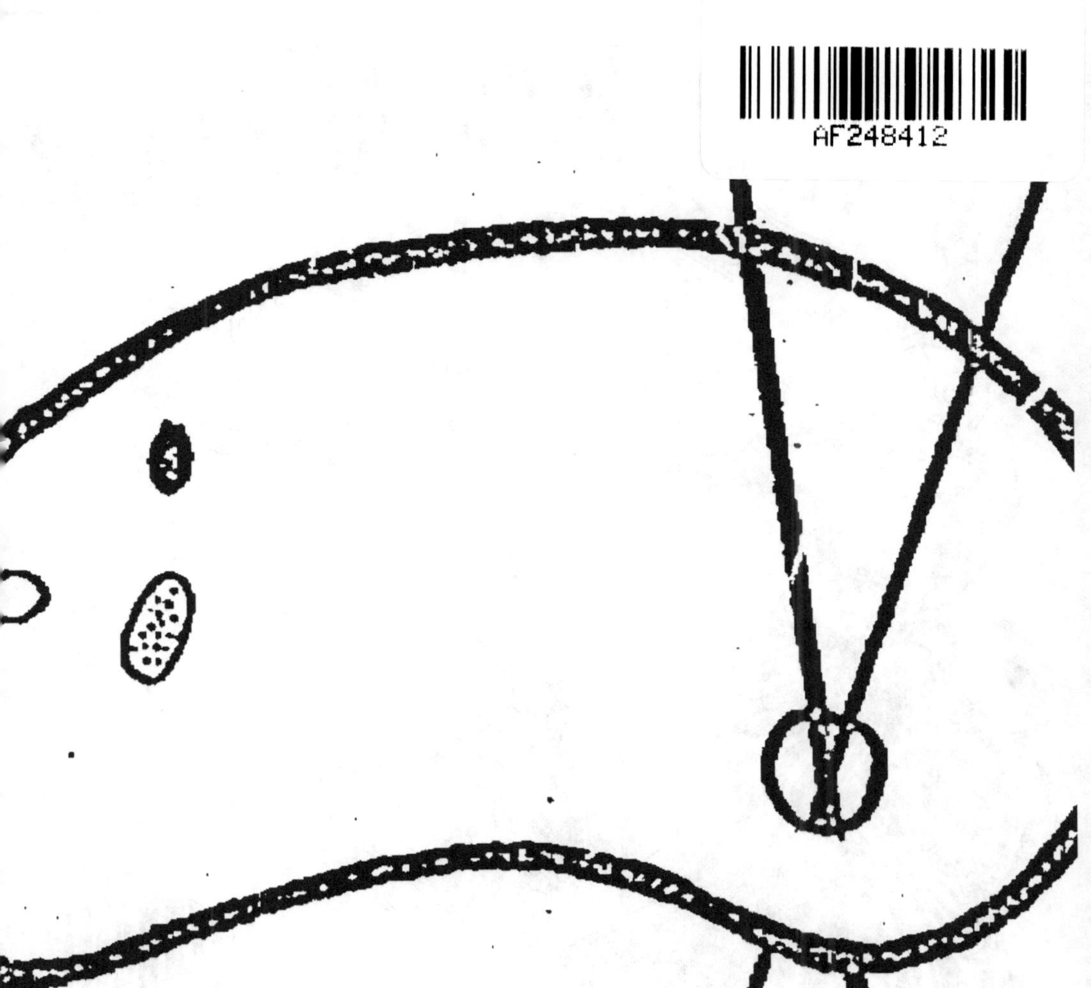

COUVERTURE SUPÉRIEURE ET INFÉRIEURE

Le Vieux Dieu Allemand

PAR

FLAVIEN BRENIER

Préface de Maurice Barrès

PARIS

"Éditions & Librairie"

40, Rue de Seine, 40

EN VENTE A LA MÊME LIBRAIRIE

DERNIÈRE NOUVEAUTÉ

L'Allemagne occulte

=

Le Vieux Dieu Allemand

Flavien Brenier

Préface de Maurice Barrès

L'Allemagne Occulte

Le Vieux Dieu allemand

PARIS

"ÉDITIONS & LIBRAIRIE"

40, Rue de Seine, 40

PRÉFACE

Le grand feu clair de France

Paris, 15 août 1915.

J'AI lu avec le plus vif intérêt, cher monsieur Flavien Brenier, votre brillant et profond travail. Vous traitez lumineusement un des grands sujets qui ont toujours passionné mon esprit. Je crois avec vous que nous assistons à la lutte des dieux. Ils combattent au-dessus de nos têtes.

Il y a un an, peu de jours avant que la guerre éclatât, vous rappelez-vous quel était l'esprit de la France? Le meilleur, l'excellent sommeillaient. Dans un paysage du soir, sous un ciel vide, nous regardions quelques miasmes pestilentiels crever à la surface d'un cloaque.

Et l'Allemagne? Une songerie violente la congestionnait, lui donnait des mouvements brusques, convulsifs, mal liés. Jamais on ne vit sur un peuple pareille épaisseur de rêve; jamais pareille excitation toute prête à se jeter dans l'action. Une bouteille d'alcool est distribuée à chaque soldat allemand, juste au moment de l'attaque, et l'on nous dit que cette boisson, appelée « mélange du Kronprinz », se compose d'un punch à l'éther et à l'arrach. Mais qu'elle est donc cette drogue, ce haschich que ses philosophes, ses poètes, ses professeurs, avaient versé au peuple allemand ?

Demandez plutôt qu'est-ce qu'un Allemand, qu'est-ce que ces gens toujours prêts à retourner au fond de leur mémoire, au fond de leur histoire et dans les premiers instincts de leur sang ?

Dans leur temple du Walhala, dédié aux héros qu'ils jugeaient dignes de provoquer leur enthousiasme et de former leurs âmes, les Allemands ont installé l'effigie du roi des Vandales. Leurs savants, depuis un siècle, recueillent toutes les épaves des races païennes, tous les héros qui sont des conseillers du massacre et du pillage et s'efforcent pédantesquement de les introduire au fond de la conscience nationale de la Germanie. Si l'on veut comprendre ce que signifient ces appels constants et monotones de Guillaume II à son « vieux Dieu », il faut savoir que ce « vieux Dieu », dont l'usage, nous dit-on sans rire, est spécialement réservé à l'empereur, n'est rien moins que le Dieu Odin, le Père universel qui, dans le brouillard du Nord, entouré des Vierges sanglantes, préside à des tueries indéfinies mêlées à d'affreuses ivrogneries. La Belgique et nos provinces envahies attestent à l'univers ce que sait faire un peuple formé dans une admiration religieuse pour les plus effroyables scènes de l'humanité primitive et qui fait d'une mythologie féroce ses grands textes sacrés...

« O jeunesse du monde ! » s'écrie l'étudiant teuton qui pénètre dans la salle ignoble où il va boire à perdre la raison. Il célèbre et réveille tout ce qui subsiste de l'antique animalité dans son être. C'est par elle qu'il compte communiquer avec l'âme universelle, et quand, se levant, il titube, il s'imagine, l'ivrogne, percevoir comme un Dieu la rotation des mondes, ou mieux encore il croit qu'à la manière des vieux conquérants germaniques il fait trembler l'Europe sous son pied.

Tel est l'étudiant, celui qui se forme dans ces beuveries anti-françaises pour être officier, diplomate ; mais le pauvre diable, là-bas, n'est pas moins intoxiqué que l'élite par ces vapeurs de mégalomanie. Par un jour d'été, son veston sur le bras, le petit bourgeois qui gravit en chantant les sentiers de la montagne vers le « kiosque restauration », attribue à son bien-être physique une valeur religieuse. La force qu'il reçoit du sol, du ciel, des grands arbres et qu'il va doubler en s'abreuvant ne peut rien lui conseiller que d'excellent ; elle est sacrée, elle est déesse, et tout à l'heure, quand du haut belvédère il embrassera l'horizon, elle lui mettra au cœur une convoitise sans limites, le désir de l'empire universel. Le moindre philistin d'Outre-Rhin entend le dieu Heimdall qui souffle dans sa trompe pour convoquer les dieux allemands à la conquête du monde et qui sonne aux fidèles Germains l'hallali des peuples latins.

Depuis un siècle, tous ces Allemands vivent dans un roman où ils ont engagé le ciel et la terre. Depuis qu'ils se sont soustraits aux influences françaises et qu'ils ont commencé de rejeter l'héritage classique, tout ce qu'ils voient dans les brumes de leur conscience et dans les nuages de leur ciel, ils prétendent le diviniser. Les formes mobiles que le vent de la nuit assemble et agite et que l'aube disperse, les mauvaises larves de jalousie et de cupidité qui fermentent dans les cœurs et que le grand soleil de la raison assainirait, les Allemands les introduisent pêle-mêle dans leur Walhala. Cet Olympe indigène ne cesse pas d'aboyer contre les autres dieux et de réclamer leur mise à mort et celle de leurs guerriers. Odin, le vieil *Unser Gott*, son fils Thor, qui brandit le marteau sur nos cathédrales, les Walkyries sanglantes ne pardonnent pas aux dieux gallo-romains ni au Christ, par qui jadis ils furent vaincus. Et cette résurrection religieuse s'achève en un hurlement effroyable de haine.

C'est une des plus grandioses tragédies qu'ait vues l'humanité, cette malédiction que les dieux du Nord, flamboyants de fureur, jettent en bondissant sur le Dieu qui, durant des siècles, les tint sous la pierre du tombeau. Écoutez leur huée colossale :

« La race latine est usée, la Germanie arrive à l'heure
« d'accomplir son destin magnifique et de ceindre la couronne
« de l'empire universel. 1914, c'est la date élue de toute
« éternité : demain, les peuples, réduits en esclavage et pareils
« à des bœufs sous le joug, n'auront plus qu'à tracer le sillon
« qu'elle aura pensé. Comme un cœur puissant placé au
« centre du monde, la race germanique va projeter son
« sang et son génie à travers les membres épuisés de la
« vieille planète... »

Je voudrais rappeler ici un petit poème de Gœthe : « *C'est la gloire des hommes de la Germanie,* chante le grand poète allemand, *d'avoir haï le Christianisme jusqu'au temps où les braves Saxons succombèrent sous l'épée fatale du seigneur Charles. Ils luttèrent assez longtemps, mais enfin ils furent domptés par la prêtraille et ils se courbèrent sous le joug; mais ils remuèrent toujours de temps en temps. Ils n'étaient que dans un demi-sommeil quand Luther traduisit si bien la Bible en allemand...* » Si les paroles de Gœthe ne persuadent pas les catholiques étrangers de la pensée anticatholique de l'Allemagne, eh bien ! il reste à mettre sous leurs yeux le procès verbal des martyres infligés, avec les plus odieux raffinements, par les bandes d'outre-Rhin, aux prêtres de Belgique et de France.

Un soldat allemand blessé a fait au poète Jean Cocteau, qui le soignait, des confidences, et ces chuchotements fiévreux d'un lit d'hôpital gardent un écho du grand délire des dieux à la veille de la guerre :

« *On interprète mal notre* Deutschland über alles, *disait ce blessé.* Deutschland über alles *n'exprime pas que l'Allemagne est au-dessus des autres nations, mais qu'elle passe avant tout dans notre cœur. Mes camarades et moi pensions, au départ, marcher au suicide ; mais nous marchions en chantant un choral, avec une sorte d'extase, que vos troupes prirent souvent pour une obéissance de brutes à nos chefs. Et puis... et puis... il y a une chose que vous ne pourrez sans doute jamais comprendre. Avant que la guerre n'éclate il y avait une grande effervescence de fanatisme chez nous, près de Dusseldorf. On se réunissait quatre fois par semaine dans la forêt, et un vieux monsieur (Herr Ebel) prêchait l'amour de nos dieux de Germanie, dont Wagner vous donne une vague image. Herr Ebel nous fascinait, nous grisait et nous communiquait le goût, la nécessité possible des sacrifices humains. Je vous affirme, monsieur, que bien des atrocités sont exactes. Le tort de l'Allemagne c'est d'avoir honte de leur mobile, comme ces gens qui rougissent de ce qu'on les rencontre sortant de l'église. Et puis, monsieur, la guerre détraque les cerveaux. Un sacrifice utile entraine des excès déplorables. Les officiers profitent de ce mysticisme des hommes pour assouvir des passions très basses. Ils excitent les troupes et des massacres s'ensuivent.* »

Dans ce texte inoubliable, on voit la minute où le rêve séculaire s'est transformé en action, où le mouvement obscur de l'âme s'acheva dans un geste terrible. Août 1914 : la somnambule a saisi son poignard. Les cinq fils pauvres de la nation allemande partent pour égorger et offrir en holocauste à leurs dieux le fils unique de la nation française. La rumeur des forêts obscures, le frisson qui naît au passage des Walkyries, l'orgueil des Arminius, des Luther, des Blücher et des Bismarck, tout cet héritage millénaire d'un mysticisme accru d'année en année par les songeries de chaque génération, a décidément rompu toutes les digues, et la vague de fond, par-dessus Louvain, la Belgique, Nomény et Gerbeviller, va briser et couvrir la France.

... Mais, halte-là ! nous avons nos dieux. Ils valent mieux que les vôtres. Les voilà qui se lèvent de leur léger sommeil. La ruée bestiale qui, du fond de l'histoire, nous vient assaillir ranime nos croyances, nos aspirations, le sentiment de notre mission ; la flamme immortelle ressuscite ; le grand feu clair de France, depuis une année, tient la Bête à distance.

Maurice BARRÈS,

de l'Académie française.

L'ALLEMAGNE OCCULTE

Le « vieux Dieu » allemand

HÉRÉDITÉ PHYSIQUE ET CÉRÉBRALE

Les théories chères aux adeptes de l'Évolution s'écroulent une à une devant les découvertes qui vont se multipliant et se coordonnant dans le domaine de la Préhistoire. L'hypothèse de Darwin résiste encore sur le terrain de la zoologie pure, mais, en ce qui concerne l'homme, elle en est déjà réduite à abdiquer, faute d'avoir découvert un vestige quelconque du fameux être intermédiaire dont nous serions issus. Il y a mieux : la plupart des anthropologistes contemporains ont été amenés à reconnaître la fixité et la haute antiquité des caractères distinctifs particuliers à chaque race humaine. Malgré quelques affirmations hâtives, ni les crânes ni les squelettes des hommes de l'âge de pierre que l'on retrouve dans les terres d'Europe ne ressemblent aux crânes et aux squelettes de l'époque correspondante retrouvés en Amérique ou en Asie. Il semble que, presque dès l'apparition de notre espèce sur la terre, des différences physiques se soient vigoureusement accusées entre les branches qui la composaient, pour se figer ensuite en types héréditaires qui ne s'altèrent plus que lorsqu'il y a métissage répété entre représentants de branches différentes.

Pour ne citer qu'un exemple aisément contrôlable, des sculptures égyptiennes remontant aux premières dynasties, vieilles par conséquent de six à sept mille ans, nous présentent certains types humains qui ont traversé les âges et qui se retrouvent aujourd'hui, dans les cités de l'Orient, aussi caractérisés qu'ils l'étaient à l'époque de Ména Ier ou de Thotmès III. Fellahs des bords du Nil ou nègres d'Éthiopie, Arabes de la Mer Rouge ou Juifs de Jérusalem nous apparaissent, toutes les fois qu'il n'y a pas eu mélange de sang, identiques à leurs ancêtres dont les artistes à la solde des Pharaons ont buriné les traits dans le granit. Un coup d'œil suffit pour les identifier. Ainsi s'affirme, toute puissante malgré les siècles, *la persistance de la race;* et il est bien évident que cette fixité n'est pas l'apanage exclusif des peuples de l'Orient, qui ont certainement été soumis à plus de bouleversements et de métissages que ceux de l'Europe centrale et occidentale et dont le sang se trouve, par conséquent, être moins pur.

La perpétuité de l'hérédité physique étant un fait, il existe, dans le domaine cérébral, une autre hérédité qui en forme le pendant. Chaque branche de l'espèce humaine possède, en effet, une manière traditionnelle de penser et de sentir, qui la différencie des races qui l'entourent dans la mesure même où ces races lui sont demeurées étrangères. C'est cette hérédité intellectuelle et sentimentale qui influe sur l'étiage moral d'un peuple, sur l'orientation qu'il donne à son activité collective, sur la conception qu'il se forge de ses devoirs envers ses éléments propres et envers les groupements ethniques environnants. Le plus souvent, une telle identité de pensée entre des générations fort éloignées tire son origine d'une croyance religieuse qui, à un moment donné, a marqué le cerveau des ancêtres d'une empreinte assez profonde pour se transmettre aux descendants. La religion en question a pu, par la suite, s'estomper dans les consciences, et même s'abolir radicalement dans le souvenir : *l'empreinte en est restée*, c'est elle qui continue à servir de moule aux convictions ultérieurement acquises, à leur donner leur forme et leur couleur.

Un exemple caractéristique à cet égard est celui du peuple

grec. Convertis depuis dix-huit siècles au Christianisme, passionnés pour leur Foi nouvelle au point de la vouloir nationale et d'en débattre avec passion les dogmes les plus subtils, les Grecs n'en ont pas moins conservé, au point de vue intellectuel et sentimental, l'empreinte très nette de l'ancienne religion hellénique. Citons un fait : quand éclata, en 1912, la guerre balkanique, il suffit de la mise au jour, dans les fouilles de Delphes, d'une statue de la Victoire pour que la Grèce entière fut secouée d'un grand frisson. Cette coïncidence fut tenue par tous pour un augure favorable et l'ardeur guerrière des Grecs en fut aussi exaltée qu'aurait pu l'être celle de leurs ancêtres contemporains de Périclès. En cédant à une telle impulsion, le peuple héllène obéissait à une hérédité mentale vieille de trois mille ans, hérédité qui lui est particulière, car la même découverte, faite dans le même moment, n'aurait provoqué aucune émotion chez un peuple d'un atavisme cérébral distinct de celui des Grecs (1).

Cet exemple n'est qu'un exemple, et la puissance despotique de l'hérédité cérébrale n'est pas plus l'apanage des Grecs que l'hérédité physique absolue prouvée par les sculptures de l'ancienne Egypte n'est spéciale aux peuples de l'Orient. Nous n'aurions que l'embarras du choix pour trouver des exemples analogues chez tous les peuples sans exception.

(1) Il va sans dire que parmi des peuples restés étrangers à cet atavisme cérébral peuvent se rencontrer des individualités isolées qui en sont marquées au plus haut degré. Prenons le cas de notre éminent confrère Charles Maurras, provençal sans doute, mais, comme son aspect en témoigne, provençal descendu très probablement d'un des Phocéens compagnons d'Euxène, et, qui plus est, provençal pénétré d'Hellenisme. Voici la note significative que nous trouvons sous la plume de Charles Maurras au début de juin 1915 (*Action Française*, article « Signes au Ciel et sous la terre ») :

« Un journal français et des journaux italiens, à Paris le *Temps*, à
« Rome et à Turin, le *Giornale d'Italia* et la *Stampa*, signalent *des*
« *présages bien faits pour gonfler d'espérance le cœur des armées et des*
« *nations alliées*. Un savant anglais, M. Valkey, vient de découvrir dans
« l'étoile alpha de la constellation du Navire, Canopus est son nom, le
« Centre des mondes et le moyen de la rotation des étoiles. Un archéolo-
« gue italien, le professeur Vittorio Spinazzolla, surintendant des fouilles
« de Pompéi, rappelle *les découvertes significatives et symboliques faites*
« *dans son domaine depuis le commencement de la guerre* : en août, un
« légionnaire et son trophée d'âmes barbares; en avril des trophées,

Mais notre tâche, dans cette étude, est plus limitée et nous nous proposons seulement de montrer quel rôle ont joué les deux hérédités, celle du sang et de la religion primitive, dans la formation du peuple allemand tel qu'il nous apparait aujourd'hui.

LA SUPÉRIORITÉ ALLEMANDE

Aucun peuple de la terre n'a jamais été aussi fermement convaincu de sa primauté ethnique que ne l'est le peuple allemand. Si l'on consulte, sur les causes de l'opinion avantageuse qu'il a de lui-même, les philosophes et les historiens qu'il a produits, on constate que ceux-ci sont d'accord pour proclamer que la supériorité des Allemands réside dans ce fait qu'ils sont *de race pure*. Les savants allemands entendent par là que la population de la France est un mélange de Celtes, de Latins, de Francs et d'autres éléments encore ; que l'Espagne est peuplée d'Ibères, de Celtes, de Latins, de Goths et même d'Arabes ; que la Grande Bretagne est habitée par des Celtes, des Anglo-Saxons et des Scandinaves plus ou moins amalgamés ; qu'en Italie même, le fond latin est mélangé, au Nord de Celtes et de Lombards, au Sud de Grecs et d'Arabes, partout de Goths, sans parler d'autres alluvions.

« navals et terrestres, puis des Victoires ailées, au nombre de dix, *qui*
« *paraissent aussi chargées de promesses illustres que de fastes demi-*
« *divins.*
    « Ainsi, depuis les hauteurs du ciel étoilé jusqu'aux vivaces profon-
« deurs de notre vieille terre, où la cendre des pères ne se repose pas,
« car elle ne cesse de fermenter et de se créer de bons héritiers, *les*
« *combattants anglais et les combattants italiens ont eu les signes de*
« *faveurs des puissances mystérieuses.* »

Grec de Provence, Charles Maurras ne peut visiblement retenir ici le cri de sa race, l'expression atavique de la foi religieuse professée par ses ancêtres lointains. De tels présages laisseraient bien froid un des fusiliers bretons dont Charles le Goffic nous conte, dans *Dixmude*, la prestigieuse épopée ; mais, par contre, ce fusilier Celte — en qui revivent les ancêtres qui interprétaient l'aspect des nuages, la voix des eaux et celle des forêts — tiendrait à favorable augure une aurore boréale ou un hallo lunaire, et ne livrerait combat qu'à regret pendant que souffle le coup de vent des Trépassés...

Au contraire, l'Allemagne, elle, aurait toujours été et serait encore exclusivement peuplée par la race germanique, identique à elle-même depuis les premiers âges du monde et demeurée à l'abri de tout mélange. Seule race pure au milieu de races bâtardes, elle serait, par voie de conséquence inattendue, appelée à régir ces dernières et à leur imposer sa culture et ses conceptions.

Développant cette thèse, les savants allemands donnent pour preuve décisive de la supériorité des conceptions germaniques ce fait qu'elles ont pour instrument d'expression et agent de communication la langue allemande — c'est-à-dire un idiome purement national, puisque son origine se confond avec l'origine du peuple qui le parle. A les en croire, dans cet idiome, les termes abstraits eux-mêmes auraient une vie et présenteraient à l'esprit une image, parce que les racines qui ont servi pour former ces termes sont tirées du langage courant et intelligibles pour tous. Une telle particularité mettrait la langue allemande sur le même rang que la langue grecque, qui jouissait d'un privilège identique. Par contre, les autres peuples ne possèdent pas un idiome vraiment national. Le français, notamment, tire ses racines du latin, langue morte et inintelligible pour la masse. Quand donc un Français aborde, dans sa langue, des problèmes élevés de science ou de philosophie, il articule des mots ayant une signification conventionnelle, mais vides pour lui de sens réel, puisque les racines de ces mots, étant empruntées à un dialecte fossile, ne peuvent présenter à son esprit aucune donnée concrète. L'Allemand, au contraire, pensant et s'exprimant dans un langage qui est profondément sien, depuis les racines jusqu'aux composés abstraits, sentira vivement chaque terme et en sera comme illuminé. D'où la supériorité du philosophe allemand sur le philosophe français, du savant allemand sur le savant français.

Voilà, paraît-il, pourquoi notre fille est muette (2)...

(2) Le célèbre Fichte, dans ses *Discours à la Nation allemande* — prononcés à l'Académie de Berlin en 1807-1808, pendant l'occupation de Napoléon — développe longuement cette thèse et verse à ses compatriotes le vin grossier de l'orgueil ethnique. Écoutez plutôt : « Je parle

Nous ne ferons pas à ce grotesque système l'honneur de le réfuter point par point. Si nous devions l'adopter il nous faudrait immédiatement reconnaître au peuple Esquimau les caractéristiques mêmes qui distinguent, d'après la science allemande, une race vraiment supérieure, destinée à régir l'Humanité et à lui imposer sa culture et ses lois. Le peuple Esquimau, en effet, est de pure race, d'une race beaucoup plus pure, nous allons le voir, que le peuple allemand ; son aspect physique si particulier atteste qu'il n'a jamais été abâtardi par aucun métissage ; il occupe depuis la plus haute antiquité le même sol national, à savoir les solitudes glacées où il règne sur les rennes, les phoques et les cétacés ; enfin,

« pour des Allemands... La caractéristique de notre *allemanité* est pré-« cisément d'empêcher notre fusion avec un peuple étranger et notre « disparition en lui, de nous créer une nationalité indépendante de « tout autre puisssance. » (Un Français aurait dit cela plus simple-ment, par exemple ainsi : « L'Allemand est réfractaire à toute fusion ethnique. » Mais « ethnique » étant tiré de la racine grecque « ethnos » — nationalité, race — ce Français n'aurait évidemment rien compris lui-même à ce qu'il disait ; tandis que Fichte en prononçant « Deutsch-tum » : *allemanité*, est illuminé par toutes les splendeurs de la langue germanique... La sentez-vous, dans cet exemple, la supériorité alle-mande ?)

Fichte de continuer : « La première différence entre la destinée du « peuple allemand et celle des autres de même origine est la suivante : « le peuple allemand a conservé la demeure des ancêtres et leur langue ; « les autres ont émigré sous d'autres cieux et adopté une langue étran-« gère en la façonnant à leur individualité... Quelle incommensurable « influence exerce la langue sur le développement d'un peuple ! Elle « suit l'individu jusqu'en ses pensées et ses désirs les plus secrets, aux « profondeurs de son être ; elle les retient ou leur donne libre essor ; « elle fait, de toute la nation qui la parle, un tout compact, soumis à « ses lois. C'est le seul lien véritable entre le monde des corps et celui « des esprits. Elle en opère la fusion, au point qu'on ne saurait dire « auquel des deux elle appartient véritablement. Quelle différence, « dans la vie pratique, entre les peuples qui penchent ainsi du côté de « la vie et ceux qui penchent vers la mort ! »

Les peuples qui penchent du côté de la mort sont ceux qui parlent une langue dont les racines sont latines ou grecques, donc mortes...

Fichte a livré la pensée secrète qui a présidé à l'élaboration de son système en disant que le patriotisme doit être *considéré comme puis-sance supérieure, ultime et dernière, absolument indépendante*. Tradui-sons cela en français et nous trouvons cette horrible maxime : « le patriotisme n'a à tenir compte ni de la morale, ni de l'humanité, ni de la raison ». Les Allemands nous prouvent depuis quatorze mois qu'ils sont, sur ce point, de bons élèves de Fichte.

il parle depuis un temps immémorial la même langue, où tout lui est personnel, racines et abstractions — ces dernières, il est vrai, peu nombreuses. Se trouvant ainsi en possession de tous les privilèges qui font un peuple chef, les Esquimaux n'ont évidemment qu'à prendre conscience de leur supériorité pour imposer à l'Univers la culture esquimaude, la science esquimaude, l'organisation esquimaude.... Qu'ils trouvent leur Fichte et l'affaire est faite.

Si l'on nous objecte que les facteurs qui font un peuple-chef ont été anihilés chez les Esquimaux d'abord par l'insuffisance de leur nombre, ensuite par la rigueur du climat sous lequel ils vivent, nous avons du moins l'exemple chinois auquel ces réserves ne sauraient s'appliquer. Les Chinois forment un peuple immense et habitent, depuis cinquante siècles, un des pays les plus vastes, les plus riches et les plus variés qui soient au monde. Leur race est, avec la race arabe et la race juive, la plus pure que l'on connaisse, les apports étrangers ayant été absorbés par la nation chinoise comme un fleuve l'est par la mer. Leur langue a une personnalité vigoureuse, que l'allemand est bien loin de posséder, et elle s'élevait déjà aux abstractions les plus subtiles à une époque antérieure de mille ans à celle où les premières hordes germaniques, vêtues de peaux de bêtes et armées de haches en pierre polie, s'établirent à l'est du Rhin. Qu'est-ce enfin que le particularisme de l'écriture gothique, dont les Allemands apprécient si fort le privilège, auprès des caractères chinois, si intensément nationaux ? Voilà bien des raisons qui, d'après les critères de la science allemande, auraient dû faire de la Chine la reine de l'Univers. Pourquoi faut-il que cette reine ait *toujours* été une esclave, prosternée sous la botte de conquérants divers, chez lesquels ne se remarquait pourtant aucune des caractéristiques qui permettent, d'après Fichte et son école, de reconnaître les peuples supérieurs ?...

La vérité est qu'il est impossible de prendre cinq minutes au sérieux la thèse de la supériorité allemande et de ses causes — à moins de l'étudier, au point de vue purement pathologique, comme un cas, d'ailleurs très curieux, de mégalomanie collective.

LA PURETÉ DE LA RACE GERMANIQUE

Pour plus de clarté, dans le chapitre précédent, nous avons admis comme base de discussion l'existence d'une race germanique homogène, vigoureusement caractérisée et bien distincte des autres familles humaines. Si, nous plaçant maintenant au point de vue de la stricte ethnologie, nous vérifions l'existence en l'Allemagne d'une telle race, force nous est de reconnaître *qu'elle n'existe pas*. Tout au plus pourrons-nous accorder qu'il y a, au-delà du Rhin, une prédominance de l'élément germanique, comme il y a en France, et sensiblement dans les mêmes proportions, une prédominance de l'élément celtique, en Espagne une prédominance de l'élément ibérique, et en Italie une prédominance de l'élément latin. Ni plus ni moins que ses voisins, le peuple allemand n'est de race pure.

Deux indices principaux permettent, en ethnologie, de suppléer aux documents historiques précis pour déterminer l'origine d'une population : ce sont le langage parlé et l'étude du squelette humain, particulièrement de la conformation cranienne. La première de ces deux sources d'investigation parait être favorable à l'hypothèse d'une race germanique couvrant tout l'empire allemand, toute la Hollande, une partie de la Belgique et une partie de l'empire autrichien. Dans cette vaste région, en effet, l'allemand, ou des dialectes en dérivant, sont seuls parlés. C'est en se basant sur cette constatation que les pangermanistes peuvent s'écrier, avec le poète Arndt : « La patrie allemande doit être étendue aussi loin que résonne la langue allemande », *so weil die deutsche Zunge klingt*. Notre Henri IV ne disait-il pas, lui aussi : « Il faut que tout ce qui parle françois soit mien » ?

Juste en apparence, cette comparaison cesse complètement de l'être si nous examinons comment l'usage de la langue allemande s'est établi chez une notable partie des populations qui la parlent aujourd'hui. La France a pu croître et se développer pendant quatorze siècles sans molester aucun de ses sujets, anciens ou nouveaux, pour l'obliger à parler français ; en 1829, Charles X félicitait même les Alsaciens de leur attachement à leurs coutumes et à leur vieux dialecte. En Germanie, au contraire, la langue allemande a été imposée, par tous les moyens de coercition dont disposait le pouvoir, à des peuples dont l'idiome natal dérivait du celtique, du roman, du slave ou du scandinave. A l'égard de ces peuples, la race germanique, depuis le Moyen Age jusqu'à nos jours, *a invariablement procédé comme suit :* d'abord elle a conquis leurs territoires par l'épée, au prix de luttes acharnées qui, souvent, ont duré des siècles ; ensuite elle a, par une oppression systématique, imposé sa langue aux vaincus ; après quoi, quand ils parlèrent couramment l'allemand, elle les a revendiqués comme d'authentiques Germains dont le langage attestait l'origine. Cette histoire a été celle des Frisons, des Wendes et des Tchèques, hier ; elle est celle des Polonais, des Danois et des Lorrains aujourd'hui. Dès lors, le fait que la langue allemande règne sans partage depuis les Vosges jusqu'aux rives de la Baltique cesse d'avoir une signification au point de vue ethnologique (3).

L'étude anthropologique du crâne, du squelette et des particularités physiques qui caractérisent les habitants de telle ou telle région allemande donne, comme il est naturel, des résultats plus précis : il n'y a pas de « Kultur », en effet, même appuyée de toute l'autorité impériale, qui puisse modi-

---

(3) Cette assimilation forcée de populations celtiques ou slaves est souvent demeurée imparfaite.

C'est ainsi que les paysans de la vallée de la Sprée, au milieu de laquelle s'élève Berlin, sont des Wendes imparfaitement germanisés parce qu'ayant observé l'habitude de ne se marier qu'entre eux. Ils apprennent à l'école et parlent un allemand très pur. Mais ils ont conservé, dans le sein des familles, leur dialecte slave, tout à fait semblable à celui qui se parle en Carniole, Styrie et Croatie autrichiennes. Celui-là est accueilli en frère qui leur adresse la parole dans cette langue. Si tous les habitants primitifs du Brandebourg avaient résisté de même à la germanisation, cette province serait aujourd'hui encore aux deux tiers slave.

C'est le slave également que parlent en cachette 150,000 Sorabes de Lusace, frères de sang du peuple serbe. Leipsig, capitale de la Saxe, est entourée de populations slaves et son nom même vient du slave *Lépa*, tilleul. Quant à la magnifique résistance opposée par les Tchèques de Bohême à l'oppression germanique, elle n'a jamais cessé de s'affirmer victorieusement.

fier la forme d'un maxillaire ou l'inclinaison d'un os frontal. Certes, dans beaucoup de provinces, le métissage a fait son œuvre. Mais il en est d'autres où la race primitive a résisté au mélange de sang, effectué sans doute dans des proportions insuffisantes. C'est ainsi que dans le nord du royaume de Hanovre, le crâne brachycéphale des habitants atteste une origine au moins partiellement celtique, qui est confirmée par le plus grand nombre de mots celtes dont est mélangé l'allemand qu'ils parlent. Tout à fait au sud, en Bavière, le crâne brachycéphale reparait — et c'est fort naturel en cette région que colonisèrent, il y a 2.500 ans, les 300.000 Celtes amenés des environs de Bourges par Sigovèse (4). Si l'on passe à l'Allemagne de l'Est, c'est le type slave qui surgit à chaque pas, tantôt métissé, tantôt absolument pur : cela est surtout sensible en Brandebourg, en Poméranie, en Prusse Occidentale et en Prusse Orientale, c'est-à-dire dans les domaines primitifs de la monarchie prussienne.

En résumé, la race germanique ne domine absolument que dans la partie de l'Allemagne qui va des bords du Rhin moyen aux montagnes de Saxe et de Bohême. Partout ailleurs, elle s'est superposée, en couches restées souvent fort minces, à des éléments ethniques qui lui étaient primitivement étrangers, mais qu'elle a conquis et plus ou moins germanisés. Nous allons voir comment s'est opérée cette superposition.

LA GERMANIE AVANT LES GERMAINS

Aux temps préhistoriques, les immenses forêts qui couvraient l'Allemagne ne connurent d'autres hôtes humains que ceux appartenant à la race disparue dite du Néanderthal, sorte d'avant-garde descendue de ces plateaux du Pamir qui ont été le berceau de notre espèce. On a retrouvé les vestiges des hommes de cette race le long de la voie qu'ils ont suivie

---

(4) Il est intéressant de constater que ce sont surtout le Hanovre et la Bavière, *en partie Celtes*, qui, lors du Kulturkampf, ont résisté comme une simple Bretagne à l'assaut donné par Bismarck au Catholicisme.

en Europe, c'est-à-dire dans la vallée du Danube, puis en Suisse et dans l'Allemagne du Sud, où ils campèrent. De là partirent plus tard trois de leurs migrations ; l'une s'établit sur les bords de la mer du Nord, entre le Rhin et l'Elbe ; l'autre s'arrêta sur la rive française de la Manche, entre la Seine et le Pas-de-Calais ; la dernière alla jusqu'aux Pyrénées, mais ne les franchit pas. Ces premiers Européens étaient peu nombreux et leur industrie ne s'est jamais élevée plus haut que les instruments de pierre taillée. De bonne heure, ils disparurent entièrement, bien que leur type humain se rencontre encore parfois, mais d'une manière tout à fait isolée, parmi les habitants actuels des contrées où ils résidaient il y a sept mille ans. De nombreuses trouvailles funéraires ont fourni à cet égard des points de comparaison certains (5).

Bien autrement importante fut, il y a un peu moins de quatre mille ans, la première migration celtique. Après avoir longtemps campé sur les bords de la mer Caspienne, puis dans les steppes du sud de la Russie actuelle, les Galls ou *Gaulois* (6), ces premiers nés de la race aryenne, s'engagèrent

(5) La race du Néanderthal (ainsi appelée du vallon où l'on découvrit le squelette le plus complet de l'espèce) était remarquable par un crâne très allongé, avec applatissement des parois latérales ; le front était médiocrement élevé et assez fuyant ; les arcades sourcilières formaient saillie au-dessus de l'œil, profondément enfoncé dans l'orbite ; la stature était au-dessus de la moyenne et la carrure large. Les principales trouvailles relatives à cette race ont été faites à Cannstadt (près Stuttgart), à Simeermass (près Maestricht), à Lahr (près Strasbourg), à Eguisheim (près Colmar).

Une autre race préhistorique, dite de Cro-Magnon (stature très élevée, près de 2 mètres ; front droit, haut et large ; arcades sourcilières nulles, orbites larges, pommettes saillantes ; faible dolychocéphalie) semble n'avoir jamais pénétré en Allemagne. Cette race, un peu moins ancienne que celle du Néanderthal, était venue dans le Midi de la France par les côtes africaines et espagnoles de la Méditerranée, où elle a laissé des représentants. Elle vivait à l'état de familles éparses sur de vastes étendues.

(6) Le nom originel est *Gaëls*, d'où *Galls* ; puis, en latin, *Galli*, et, dans les dialectes germaniques, *Walls*, *Walli*, *Wallons*, *Welches*. *Gaël* vient d'un mot celtique qui signifie : « voyageur, homme d'aventure ». *Gall-tacht* (la terre des Gaulois) est devenue en latin *Gallia*, en grec *Galatia* ; le mot polonais *Galicie*, le mot espagnol *Galice*, le mot anglais *pays de Galles* ou de *Walles*, ont la même signification et marquent l'emplacement de colonies gauloises.

en troupes immenses dans les forêts obscures et désertes qui s'étendaient de la Vistule au Rhin, forêts si impénétrables que César devait en dire un jour : « nul ne peut se vanter d'avoir vu où elles commencent ni où elles finissent ». Ils traversèrent la future Germanie sans être tentés de s'y établir, sauf à l'extrême Sud, le long de la riche vallée du Danube, où quelques tribus firent halte et fondèrent de petits états celtes qui subsistaient encore quinze siècles plus tard. La masse des Gaulois gagna le Rhin et le franchit. Là, trouvant une terre plus fertile et un ciel plus clément, ils se répandirent sur notre sol et le colonisèrent, rencontrant à peine, dans le Nord, quelques représentants épars des races humaines primitives.

Au Sud, les Gaulois se heurtèrent à deux populations assez compactes : les *Ibères*, venus de l'Asie par l'Afrique, aux temps préhistoriques, et qui, après avoir peuplé l'Espagne, avaient poussé jusqu'à la Loire ; les *Ligures*, qui avaient contourné la Méditerranée en sens inverse et qui occupaient le nord-ouest de l'Italie et les bords du golfe de Provence. Les tribus celtiques se mélangèrent pacifiquement aux fractions de ces deux peuples qui étaient installées en deçà des monts. Mais, au xvie siècle avant Jésus-Christ (d'après les bases de calcul fournies par Hérodote, Diodore de Sicile et les autres historiens de l'antiquité), une invasion gauloise força les passes des Pyrénées et alla créer dans le nord de l'Espagne des colonies assez puissantes pour qu'une partie de ce pays en ait gardé le nom de *Celte-Ibérie* et une autre le nom de *Galice*. Puis, deux siècles plus tard, d'autres tribus gauloises passèrent en Italie, conquirent tout le nord de la Péninsule et y fondèrent des états celtes qui devaient durer plus de mille ans, jusqu'au commencement de la puissance romaine.

Un fait digne de remarque au cours de ces invasions, c'est que les Gaulois, s'ils eurent souvent recours à l'épée pour s'ouvrir un passage, ne visèrent jamais à l'extermination des peuples conquis : au contraire, ces derniers furent toujours admis dans la communauté celtique sur le même pied que les conquérants, attitude sans exemple à cette époque de l'Humanité, où le vaincu n'avait à choisir qu'entre la mort et l'esclavage. La sociabilité du Gaulois, dont le Français a hérité, s'affirmait nettement dès alors. « Race prompte au combat, mais naïve et sans malignité », disait Strabon ; « simples et spontanés, chacun d'eux ressent l'injustice faite « à autrui, et si vivement qu'ils se rassemblent tous pour « prendre en main la cause de quiconque est opprimé » (7).

Après le passage de la multitude gauloise en marche, les vastes forêts de la future Germanie étaient redevenues désertes et silencieuses. Pendant près de douze siècles encore, elles devaient rester vides d'êtres humains. Ce fut seulement vers le viie siècle avant Jésus-Christ que quelques tribus slaves et finnoises, venues du nord de la Russie, passèrent la Vistule et s'établirent sur ce qui devait être, plus tard, le territoire de la Pologne ; mais leur pénétration n'alla pas plus avant. Enfin, en l'an 631 avant J.-C., une nouvelle migration déboucha, venant du sud-est de l'Europe. Marchant vers l'Occident, elle entreprit à son tour la traversée des forêts, suivant la même route que les Gaulois 1200 ans plus tôt. C'étaient encore des Celtes, appartenant cette fois au rameau Kymrique de la race, remarquable par un crâne un peu moins rond, une peau moins blanche, des cheveux souvent bruns et un nez aquilin. Frères de race cependant des Gaulois, comme l'attestait la langue parlée et les usages nationaux. Sous le nom de Kimmériens (8), ils avaient longtemps rempli l'Orient du bruit de leurs armes et menacé un moment l'Egypte. Revenus camper à l'est de la Mer Noire, las de leur horizon de steppes et des guerres incessantes qu'ils soutenaient contre les Scythes, ils s'étaient finalement ébranlés

(7) C'est la même idée qu'exposeront nos trouvères du moyen-âge dans les vers fameux :

> Le royaume des Francs fit Diex par son command
> Pour défendre Justice et Droit mettre en avant.

Notre politique nationale de défense des peuples opprimés date, on le voit, de loin...

(8) *Kymris*, Kimmériens, Cimmériens, Cimbres. Ce mot signifiait en celtique, d'après Moreau-Christophe, *les guerriers*.

La Cherchonese taurique, où les Kymris campèrent longtemps et qui est couverte de monuments celtiques, a conservé, à cause d'eux, le nom de *Crimée*.

vers l'Occident, où ils connaissaient l'existence d'un vaste empire celtique.

Leur traversée de l'Allemagne eut un tout autre caractère que celui présenté par la première migration. Il semble que les Kymris aient été tentés d'adopter l'Allemagne pour patrie ; du moins beaucoup s'y fixèrent et la marche du gros de la nation fut si lente qu'elle mit un demi-siècle pour arriver aux bords du Rhin.

Un premier rameau se détacha vers la mer Baltique, s'établit sur ses rivages et envoya même des colonies en Suède, si l'on en juge par les monuments celtiques qui subsistent dans le sud de cette contrée. La partie de la Baltique qui sépare le Danemark de la Suède en garda longtemps le nom de « mer Kymrique » ou Cimbrique. Ces Kymris, ou Cimbres, restèrent dans ces parages pendant cinq cents ans, jusqu'au débordement de la mer qui survint en l'an 115 avant J.-C. Obligés alors de reprendre une existence errante, ils connurent treize années de courses et de victoires et finirent par être exterminés à Verceil par l'armée de Marius.

Un second rameau Kymrique se fixa sur les bords de la mer du Nord, jusqu'à l'embouchure du Rhin et n'en bougea plus. Ses descendants, ultérieurement mélangés de Germains, formèrent le fond de la population frisonne. Un savant allemand, le professeur Virchow, secrétaire général de la Société d'Anthropologie de Berlin, admet que les Frisons sont les plus anciens habitants de la Germanie. Le type celtique, nous l'avons vu, a persisté chez eux malgré les croisements intervenus et leur langue est restée mêlée de mots celtiques.

Quant au gros de la nation, il passa le Rhin sous la conduite de Hû-le-Puissant et s'établit, sans trop de heurts, au milieu des Gaulois primitifs. Certaines tribus allèrent se fixer dans le Massif Central et jusque sur les bords de la Garonne ; un plus grand nombre demeura entre la Loire et la Manche ; enfin, de la Bretagne, où affluaient les nouveaux venus, des navigateurs partirent à la découverte de l'Irlande, puis de l'Ecosse, qui furent entièrement peuplées par les Kymris. Cette migration était achevée vers la fin du vi[e] siècle avant le Christ.

Mais les Gaulois avaient senti leur amour des voyages se réveiller au contact des frères celtes qui leur arrivaient de si loin. Deux neveux d'Ambigat, roi de Bourges, Bellovèse et Sigovèse, résolurent en 587 avant J.-C. de tenter les aventures. Chacun d'eux eut bientôt réuni une armée de 300,000 hommes venus de tous les points de la Gaule.

Le vol des oiseaux, consulté comme augure, leur indiqua la direction à suivre. Bellovèse descendit vers les Alpes, rallia les Gaulois d'Italie et s'établit au cœur de la Péninsule : deux cents ans plus tard en 390 avant J.-C., les descendants d'une des tribus qui l'avaient suivi, les Sénons, prenaient d'assaut et mettaient à rançon une petite ville qui commençait à faire parler d'elle, Rome. Sigovèse, lui, refit en sens inverse le chemin parcouru par les Kymris ; mais, au lieu de passer en Allemagne par le Rhin inférieur, il y entra par l'Alsace, laissa des colonies depuis la Forêt Noire jusqu'au Tyrol, et s'établit sur les deux rives du Danube, y retrouvant les îlots celtiques semés, treize siècles plus tôt, par la grande migration (9). Les descendants des compagnons de Sigovèse étendirent plus tard leur domination jusqu'aux frontières de la Thrace et de la Macédoine. C'est là qu'en 340 avant J.-C., Alexandre en prit un certain nombre à sa solde, en vue de l'expédition qu'il préparait contre les Perses. C'est de là que partirent (en 280 av. J.-C.) les armées gauloises qui envahirent la Grèce, puis (en 271 av. J.-C.) l'Asie Mineure.

Par suite de ce double mouvement, opéré à peu d'années d'intervalle — les Kymris venant de l'Orient et les Gaulois de l'Occident — l'Allemagne se trouva, au viᵉ siècle avant notre ère, partiellement peuplée par des tribus celtiques. A vrai dire, entre les colonies kymriques de la mer du Nord et les colonies gauloises du Danube, de vastes régions désertes s'étendaient. Des solitudes non moins vastes séparaient ces deux contrées des bords de la Vistule, où les tribus finnoises et slaves avaient fait leur apparition. Les forêts du centre, les

---

(9) En 192 avant J.-C., les colonies celtiques du Danube furent renforcées par les débris des Boïens, nation gauloise d'Italie, qui préférèrent s'expatrier plutôt que de subir le joug romain. Ils donnèrent leur nom à la Bohême (Boïehemum), puis à la Bavière (Boïaria).

plus épaisses, celles dont l'obscurité perpétuelle inspirait aux Celtes presque autant d'horreur que plus tard aux Romains, virent encore une fois défiler des masses d'hommes : c'étaient les Bolgs, ou Belges, arrière-garde de la race celtique, qui vinrent s'établir entre la Seine et le Rhin (10). Derrière eux s'avançaient de nouveaux hôtes, à l'âme assez farouche pour se plaire dans l'âpre décor que Gaulois, Kymris et Belges avaient dédaigné.

LA CONQUÊTE GERMANIQUE

Les Germains — ces derniers venus des peuples européens, si les Magyars n'existaient pas — arrivaient d'Asie par la route classique des grandes migrations : la rive Nord de la mer Noire et la vallée du Danube. Ils s'engagèrent dans celle-ci vers l'an 500 avant J.-C. Nous ne savons rien de leurs premiers contacts avec les Gaulois qui occupaient cette région ; mais sans doute les populations celtiques leur barrèrent-elles victorieusement la route, car, d'une part, les hordes germaniques obliquèrent au Nord, et d'autre part, au commencement du IIIe siècle avant le Christ, les Gaulois de Toulouse communiquaient encore librement, par la vallée du Danube, avec l'armée celte qui alla forcer les Thermopyles et attaquer le temple de Delphes. Obligés de renoncer à la voie frayée et cultivée pour se rejeter en pleine forêt, les Germains se divisèrent en trois masses : l'une remonta vers le Nord par la vallée de l'Oder et aboutit à la Baltique ; l'autre suivit la vallée de l'Elbe et aboutit à la mer du Nord ; la troisième, de beaucoup la plus considérable, prit possession du centre du pays et progressa lentement vers le Rhin.

C'est un navigateur marseillais, Pythéas, qui signala pour la première fois aux peuples méditerranéens l'existence des

(10) Les Belges étaient, par l'aspect, plus proches des Gaulois primitifs que les Kymris : leur taille était élevée, leurs cheveux blonds ou châtains, leurs yeux clairs. Le dialecte celtique qu'ils parlaient était toutefois plus rapproché de celui des Kymris. Une notable partie des Belges franchit le Pas-de-Calais et colonisa l'est et le sud de la Grande-Bretagne. On a vu que les Kymris, partis de Bretagne, avaient déjà colonisé l'Irlande et l'Ecosse.

nouveaux venus. Au cours d'un voyage de circum-navigation de l'Europe, accompli en 320 avant J.-C., il trouva une des confédérations germaniques, les Teutons, établie au bord de la Baltique, à peu de distance des rivages occupés par les Kymris ; on peut conjecturer que ce contact existait alors depuis 150 ans déjà. Quel accueil les Celtes, premiers occupants, avaient-ils faits aux Germains ? Aucun des deux peuples n'a conservé de tradition à ce sujet. Toujours est-il que deux siècles après le passage de Pythéas, en l'an 115 avant J.-C., les deux populations voisines subsistaient, indépendantes. Sans doute leur puissance s'équilibrait-elle trop exactement pour que l'une put anéantir l'autre ou se la subordonner. C'est alors que le débordement de la mer dont nous avons parlé les chassa toutes deux du pays qu'elles se partageaient et les obligea à aller tenter la fortune des armes sous d'autres cieux. L'année qui précéda la défaite des Kimbres à Verceil, les Teutons tombaient à Aix en Provence sous les coups de Marius.

Moins heureux que les Kymris de l'Est, ceux qui avaient colonisé les rivages de la mer du Nord paraissent avoir succombé sous l'épée des envahisseurs. En effet, au 1er siècle avant notre ère, nous trouvons établie dans leur pays une confédération germanique, en guerre permanente avec les Gallo-Belges fixés dans le delta du Rhin. Ces derniers tinrent longtemps tête aux Germains, puis se virent forcés de s'allier à eux pour résister à la marche des armées romaines : alliance aussi funeste aux Belges du Rhin qu'aurait pu l'être une défaite, car leur personnalité ethnique y sombra. Quand les légions de Drusus, en l'an 12 avant le Christ, parcoururent victorieusement le territoire actuel de la Hollande et du Hanovre, elles crurent se trouver en territoire purement germanique, tant l'organisation et la langue celtiques avaient disparu. Il a fallu les études anthropologiques et philologiques faites au XIXᵉ siècle pour révéler que sous l'alluvion déposé par la race conquérante un fond celte avait subsisté.

Les ténèbres qui couvrent cette époque de l'Histoire d'Allemagne ne nous permettent pas de dire si ce fut par la force, comme en Hanovre, ou par alliance, comme en Hollande, que les Germains vinrent à bout de la résistance des Gaulois du Danube. Une des rares traditions sûres qui sont parvenues jusqu'à nous montre la confédération germanique des Marcomans rejetant en Bavière les Celtes Boïens qui occupaient la Bohême. En Bavière, l'élément celtique se maintint, mais ce fut au prix de l'abandon de sa personnalité : les mœurs et le langage de l'envahisseur furent imposés aux vaincus — par des procédés moins systématiques, mais sans doute encore plus violents, que ceux appliqués de nos jours en Alsace-Lorraine. Quant aux descendants des compagnons de Sigovèse qui étaient établis plus à l'Est, sur le moyen et le bas Danube, nul ne sait quand et comment le flot teutonique finit par les submerger.

En l'an 60 avant J.-C., le triomphe des Germains était déjà assez complet pour qu'une de leurs confédérations, les Suèves, conduite par le célèbre Arioviste, passât le Rhin et entreprît, à la faveur des éternelles dissensions gauloises, de conquérir la Franche-Comté. La défaite que César infligea à Arioviste, près de Belfort, décida que la Gaule serait romaine et non germanique. En effet, quatre siècles plus tard, quand la barrière des légions dut céder sous la poussée tenace des Barbares, les Celtes de Gaule étaient trop profondément latinisés pour se laisser imposer la mentalité et les coutumes d'Outre-Rhin. C'est eux qui assimilèrent et civilisèrent celles des hordes sorties des forêts de la Germanie qui se fixèrent sur notre sol.

Attirés par la riche et belle Gaule, par la renommée de splendeur de l'empire romain, les Germains avaient sans cesse afflué vers l'Occident, n'attachant qu'un moindre prix aux régions qui s'étendaient du côté de la Vistule. Aussi les tribus slaves qui étaient installées sur ce fleuve purent-elles progresser sans obstacle à l'intérieur de la Germanie et occuper peu à peu toute la partie orientale du pays. Lettons, Wendes, Tchèques, Borrusses, Sorabes, vingt autres peuples slaves encore, avancèrent ainsi jusqu'à l'Oder, puis jusqu'à l'Elbe, colonisant fortement chaque province et refoulant devant eux une population germanique clairsemée, arrière-garde de celle qui se pressait sur le Rhin. L'histoire de la nation allemande, au moyen âge et dans les temps modernes, a consisté surtout dans une lente reconquête sur les Slaves de ces contrées qui leur avaient été facilement cédées au temps où les Germains espéraient le riche butin de la Latinité. Des montagnes de Bohême aux flots de la Baltique, jusqu'à l'Oder d'abord, puis jusqu'à la Vistule, puis au delà, le reflux germanique a déferlé, pendant des siècles, sur le Slave cramponné au sol qu'il avait défriché.

Vaincu, réduit en servitude, contraint à parler la langue du vainqueur, le Slave a résisté longtemps. Il résiste encore là où la conquête allemande n'est pas trop ancienne, en Bohême, en Moravie, en Pologne, même en Silésie. Ailleurs, il a plié sous la fatalité et s'est laissé germaniser : les fils ont oublié le langage des pères et versent leur sang pour le Germain oppresseur. Et pourtant, sur bien des points, leur race s'est peu modifiée ; sur certains même, elle s'est conservée tout à fait pure... Une heure solennelle peut-elle encore sonner qui réveillerait l'écho lointain du souvenir dans l'âme de ces peuples serfs ?... C'est le secret de la Providence.

LES GERMAINS AVANT L'ODINISME

Nous savons quelque chose de l'histoire des Gaulois, des Kymris et des Belges antérieurement à leur venue en Occident : au hasard de leurs courses aventureuses en Asie Mineure, sur les bords de la Mer Noire et au delà de la Mer Caspienne, ils ont laissé, pour attester leur passage ou leur résidence, des monuments mégalithiques identiques à ceux dont ils couvrirent plus tard la Gaule (11) ; les annales des

(11) Les menhirs et peulvés, et surtout les dolmens (allées couvertes), qu'on trouve partout en Gaule (mais aussi dans les Iles Britanniques, dans une partie de l'Espagne et de l'Italie du Nord, sur les bords de la Mer du Nord et de la Baltique, dans le sud de la Suède, en Crimée, en Asie Mineure, en Palestine) indiquent le passage ou le séjour de la race celtique, seule branche de la famille aryenne qui ait affectionné cette variété de monuments mégalithiques. En partant de ce fait constaté, il faut admettre qu'une migration celtique s'est dirigée, à l'époque préhistorique, vers l'Inde du Sud, car l'immense plateau du Dekkan est couvert de nombreux dolmens.

peuples de l'Orient ont, aussi, conservé leur souvenir. Par contre, l'histoire des Germains de l'époque correspondante est totalement inconnue ; aucun indice de leur existence antérieur au vi^e siècle avant le Christ n'a pu être retrouvé et il semble que leur nation sorte du néant à l'heure où on la voit apparaître en Europe pour la première fois.

Une telle anomalie peut s'expliquer jusqu'à un certain point. Descendue des plateaux du Pamir, la famille Aryenne (à laquelle appartiennent, entre autres, les Germains, les Celtes, les Scandinaves, les Grecs, les Latins, les Slaves et une partie des Hindous) apparaît fixée, il y a cinquante siècles, dans la vaste région qui est aujourd'hui le Turkestan russe. C'est de là, nous l'avons vu, que les Celtes s'ébranlèrent les premiers, il y a quatre mille ans, allant vers l'Europe occidentale ; les Pélasges, qui devaient former le fond des populations de la Grèce et de l'Italie, suivirent de près ; deux autres vagues aryennes déferlèrent ensuite, l'une vers le Sud (elle donna naissance aux peuples Mède et Perse), l'autre vers le Sud-Est (elle fonda les États aryens de l'Inde) ; les Slaves s'établirent dans les immenses plaines de la Russie actuelle, d'où ils n'ont point bougé ; quant aux Germains, sans doute allèrent-ils au Nord-Est, vers la Sibérie déserte, s'éloignant ainsi de tous les centres de civilisation alors existants : on comprendrait mal, autrement, le silence complet que gardent, à leur endroit, les traditions de tous les peuples de l'Antiquité.

Un séjour de plus de mille ans dans des solitudes sauvages, sans autre contact possible que celui de tribus mongoles ou scythes à civilisation nulle, expliquerait aussi d'autres particularités, et notamment la formation de la langue germanique, dérivée du même fond originel que le sanscrit des Aryens de l'Inde, que le zend des Aryens de Perse, que le Celtique, le Latin ou le Grec primitifs, mais plus durement articulée que ces divers dialectes. Tout, dans le vieil idiome germanique, atteste une évolution nettement distincte, soustraite au contact des langues-sœurs : il y avait, au temps de l'apparition des Germains en Europe, plus de distance linguistique entre eux et les Celtes qu'entre ces derniers et les

Aryens du Gange et de l'Indus. Si, comme le veut Fichte, le langage parlé est le miroir fidèle de l'histoire d'un peuple, il paraît bien résulter de là que le peuple germain a dû vivre, pendant dix ou douze siècles, complètement isolé de la grande famille aryenne dont il était sorti.

Cet isolement eut les conséquences les plus fâcheuses sur la formation de la race germanique et les progrès de sa civilisation. Tandis que les autres Aryens prenaient contact, de l'Inde à l'Occident, avec les civilisations Chamitiques et Sémitiques, les imitaient d'abord, puis les dépassaient et les faisaient oublier, les Germains, au contraire, en restaient à peu près à l'état primitif de l'Humanité. Lorsqu'il parurent enfin entre le Rhin et la Vistule, cinq siècles avant le Christ, leur état social était comparable à celui des Indiens les plus arriérés de l'Amérique du Sud. L'art de fabriquer les étoffes leur étant tout à fait inconnu, ils s'habillaient de peaux de bêtes et beaucoup étaient entièrement nus ; quand ils n'avaient pas la ressource de piller une région civilisée, la chasse et la pêche fournissaient le plus clair de leur nourriture ; ils avaient peu de bétail et ne savaient ni en conserver la chair, ni en traiter le lait, car ce n'est qu'au IIIe siècle de notre ère qu'ils apprirent des Romains à fabriquer le beurre et le fromage ; ils ignoraient l'agriculture, et spécialement la culture du froment et des légumineuses, considérant d'ailleurs le travail de la terre comme indigne d'un peuple armé ; enfin, ce n'est que très tard qu'ils apprirent des Gaulois l'usage de la bière, celui des engrais et les méthodes d'élevage du bétail (12).

(12) Les Celtes avaient une industrie propre, créée et développée par eux, qui ne devait rien à l'influence étrangère. Ils travaillaient l'or, l'argent, le cuivre, l'étain, le bronze et le fer — médiocrement à la vérité, car ils ne connurent jamais la trempe. Mais ils tissaient d'excellentes toiles ; leurs étoffes de laine, surtout celles des Bellovaques (Beauvais) et des Atrébates (Artois), étaient renommées jusqu'en Orient ; ils imaginèrent les premiers d'utiliser le duvet. Enfin, leur élevage, depuis celui des oies jusqu'à celui des chevaux, était célèbre, et il régnait, un siècle avant César, assez de sécurité en Gaule, malgré les rivalités de province à province, pour que d'immenses troupeaux pussent être chaque année, acheminés vers l'Italie à travers le pays tout entier. On comprend que les Germains d'Arioviste, en franchissant le Rhin, 75 ans avant J.-C., aient été émerveillés de ces ressources.

L'Italie et la Grèce avaient des palais et des temples fameux, la Gaule possédait de grandes villes et des forteresses quand les Germains ne connaissent encore d'autre abri que des huttes de branchages et le couvert de leurs forêts.

Cette absence de civilisation matérielle correspondait à une stagnation plus complète encore dans le domaine de la pensée. Il n'est pas question ici de comparer l'intellectualité des hordes germaniques à celle des peuples méditerranéens, dont la littérature avait déjà produit des chefs-d'œuvre quand les Germains arrivèrent en Europe. Du moins peut-on essayer de mettre ces derniers en parallèle avec les Celtes. Or, tandis que les Celtes possédaient, depuis des siècles, une théologie spiritualiste élevée, des collèges de prêtres où l'enseignement durait jusqu'à vingt années, une littérature épique moins harmonieuse, mais aussi grandiose que celle des Grecs, les Germains, eux, ignoraient jusqu'à l'usage de l'écriture. Comme on le verra plus loin, ce n'est qu'à l'époque de l'Odinisme que les seize caractères de l'alphabet rûnique firent leur apparition; encore les prêtres d'Odin s'en réservèrent-ils toujours jalousement la connaissance (13).

Si l'on en excepte Tacite, dont l'ouvrage sur *la Germanie* n'est autre chose qu'une satyre adroite, par opposition, des mœurs de la Rome impériale, tous les historiens et géographes latins, juges désintéressés en la matière, ont mis le Gaulois très au-dessus du Germain. Strabon, après César, constate l'extrême ingéniosité des populations celtiques, la noblesse de leur caractère, leur aptitude à s'instruire, à s'assimiler promptement les connaissances étrangères, à pratiquer les lettres et les arts, leur amour de la propreté et de la décence dans les basses classes, du faste et des belles manières dans les milieux élevés. Ils ne leur reprochent guère que leur

(13) « Rûne », de *rûna*, qui, en dialecte germanique, signifiait « secret ». Ce n'est qu'au ivᵉ siècle qu'apparaît l'alphabet germanique moderne. Le cappadocien Ulphilas, qui devint l'évêque (arien) des Goths, leur composa cet alphabet, mélangé de lettres grecques, latines, et de quelques rûnes germaniques. Mais il ne fut d'abord en usage que parmi les Goths, qui étaient un peuple *ayant passé par la Germanie* plutôt qu'un peuple germain. Un manuscrit du viᵉ siècle, retrouvé dans un monastère de Suède, est le plus ancien monument de l'écriture gothique — que les Allemands finirent par adopter.

abus du bavardage et de l'éloquence : « la Gaule, mère nourrice des avocats », *nutricula causidicorum Gallia*, dira déjà Juvénal...

S'agit-il des Germains, au contraire ? Strabon dénonce leur « brutalité bestiale », *feritas*. Tacite lui-même et César nous les montrent « nus et malpropres », *nudi et sordidi*. L'odeur infecte répandue par les hordes des mercenaires Germains est même comptée au nombre de leurs avantages dans le combat avec des adversaires à odorat plus raffiné (14). Mais Appien signale les inconvénients d'une telle milice : le jour de la bataille, elle est presque toujours ivre. Et Tacite convient qu'il faut aux soldats Germains l'appat du pillage : alors

(14) Cette particularité subsiste toujours. M. le Docteur Bérillon vient de faire à la Société de Médecine de Paris une communication sur cette odeur germanique qu'il appelle la *Bromidrose* :

« Un grand nombre de médecins français, lorsqu'ils ont eu à soigner « des blessés allemands, ont reconnu spontanément qu'une odeur spé- « ciale, très caractéristique, émanait de ces blessés. Tous sont d'accord « pour affirmer que cette odeur, par sa fétidité, affecte péniblement « l'odorat.

« L'enquête que j'ai entreprise sur cette question est venue pleinement « confirmer mes impressions personnelles antérieures.

« Il n'est pas douteux qu'il se dégage des Allemands une odeur spéci- « fique, *sui generis*, et que cette odeur est particulièrement fétide, nau- « séabonde, imprégnante et persistante.

« On ne la constate pas seulement sur les sujets blessés ou malades. « Elle est également l'apanage de ceux qui sont bien portants. Plusieurs « officiers français m'ont déclaré qu'ayant eu à accompagner des déta- « chements de prisonniers allemands, ils étaient obligés de détourner la « tête, tant l'odeur nauséabonde qui se dégageait de ces hommes les « incommodait.

« La bromidrose (de *brômos*, puanteur, et *idrôs*, sueur) est une des « affections les plus répandues en Allemagne.

« En Alsace, c'est une habitude de dire que lorsqu'un régiment alle- « mand passe, l'odeur nauséabonde qu'il a dégagée ne met pas moins « d'une demi-heure à se dissiper. Plusieurs aviateurs m'ont affirmé que « lorsqu'ils arrivaient au-dessus d'agglomérations allemandes, ils en « sont avertis par une odeur dont leurs narines sont affectées.

« La bromidrose, localisée à la région plantaire ou généralisée à toute « l'étendue de la surface cutanée, est une affection endémique dans « les quatre provinces du Brandebourg, du Mecklembourg, de la Pomé- « ranie et de la Prusse orientale....

« Cette odeur aurait son origine dans l'influence particulière du sol ; « ce serait en quelque sorte une odeur de terroir. »

— 34 —

« l'espoir du butin leur fait tout supporter », *cupidine prœdœ adversa tolerabant*. C'est déjà, par avance, ce que signalera inlassablement Froissard au Moyen Age : « Allemands sont moult convoiteux et toujours enclins à gaigner ». Au temps de César, le pillage faisait partie de l'enseignement national, de la Kultur donnée aux jeunes Germains. *Latrocinia nullam infamiam habent quœ extra fines civitatis fiunt*, etc., c'est-à-dire : « Ils ne regardent point comme honteux les brigan-
« dages pourvu qu'ils soient commis hors des limites de la
« tribu. Ils y exercent la jeunesse pour qu'elle ne s'allan-
« guisse pas dans la paresse. C'EST LA GLOIRE D'UNE PEUPLADE
« GERMANIQUE DE FAIRE ET D'AVOIR AUTOUR D'ELLE DES SOLITUDES
« DÉVASTÉES » (15).

Ajoutons à ce portrait quelques traits caractéristiques, auxquels les siècles n'ont rien changé. Le Germain est, de naissance, foncièrement perfide, dissimulé et menteur : *natum mendacio genus*, dit Velléius Paterculus; *perfidia et simulatione usi Germani*, constate César... Le Germain est profondément corrompu, au point que les Taïfales (fractions des Alamans) et les Hérules étaient alors aussi célèbres par leur pratique des vices contre nature (16) que l'a été, de nos jours, la camarilla du prince d'Eulenbourg. Le Germain est violent et haineux : Nazarius, Eumène, Eutrope (17) parlent des « haines perpétuelles et des inexpiables fureurs de cette « race », *illius gentis odia perpetua et inexpiabiles iras*. Enfin

(15) CÉSAR, *Commentaires B. G.* IV, 13. — Comparer les derniers mots de ce passage avec la poésie à la mode en ce moment en Allemagne :
« O Allemagne, hais maintenant! Avec une âme de fer, égorge des mil-
« lions d'hommes de cette race infernale, et que jusqu'aux nues, plus
« haut que les montagnes, s'entassent la chair fumante et les ossements
« humains. O Allemagne ! maintenant, hais ! Cuirassée d'airain, ne fais
« pas de prisonniers. A tous un coup de baïonnette dans le cœur :
« rends aussitôt chacun muet. FAIS UN DÉSERT DES CONTRÉES QUI, AUTOUR
« DE NOUS, TE FONT CEINTURE ! »
Ce doux lied, si représentatif de l'âme allemande, a été lancé, rappe-
lons-le, dans la *Badische Landeszeitung*, organe officiel de ce gouverne-
ment badois qui n'a pu retenir ses cris d'indignation quand nos avions sont allés bombarder sa capitale, Karlsrühe.

(16) ZELLER, *Origines de l'Allemagne*, I, p. 204.

(17) Cités par Zeller, *op. cit.*, I, 221.

les Germains, admirateurs de la force, n'ont aucune idée du droit : Pomponius Mela, révolté de la facilité avec laquelle ils violaient les traités, simples « chiffons de papier » pour eux dès cette époque, définit ainsi leur politique : *Jus in viribus habet,* « pour eux, le Droit réside dans la Force ». C'est, par avance, la formule même de Bismarck.

Peu différents, au point de vue de la civilisation, des sauvages les plus dégradés, les Germains, par leur basse moralité, étaient peut-être le peuple le plus méprisé par les Romains.

Mais leur valeur militaire les rendait redoutables, et César constate que « l'art de la guerre est le plus avancé chez eux » ; il eut pu dire le seul avancé. Sur ce terrain, ils avaient souvent l'avantage contre les Celtes. En effet, les Gaulois, dit Strabon, « sont fiers et fous de guerre. Confiants « dans leur force, ils se rassemblent pour combattre en masses « désordonnées. On les trompe aisément et l'on est sûr de « les amener à combattre où l'on veut et quand on veut, «·car ils vont de front, ensemble, sans s'inquiéter d'autre « chose ». C'est déjà la *furia francese,* à qui nous devons bien des victoires, mais qui nous a valu aussi Courtrai, Crécy, Poitiers, Azincourt, Charleroi... Les Germains, au contraire, affectionnaient une manière de se battre prudente, cauteleuse. « Ils se fortifient avec leurs chariots », dit César ; « ils n'ai- « ment pas combattre en rase campagne, mais à l'abri des « bois et des défilés ». Ils affectionnaient les assauts noc- turnes, les retraites feintes, la surprise. Enfin, César cons- tate que leur cavalerie, dès cette époque, pratiquait le mou- vement tournant, qui est encore l'alpha et l'oméga de la tactique germanique actuelle : « C'est », dit-il, « une con- « version exécutée par les cavaliers de l'extrémité de la ligne « qui décrivent un cercle autour du cavalier presque immo- « bile de l'autre extrémité ; cela se fait avec la plus rapide « précision. » Le combat engagé, le Gaulois ou le Germain étaient considérés comme également braves, mais d'une bra- voure différente, attendu que le Gaulois, dit Horace, « ne craint pas la mort», *non funera pavet,* tandis que le Germain « aime à tuer », *cæde gaudet.*

Ajoutons que le Gaulois préparait rarement la guerre et l'entreprenait à l'improviste, généralement pour tirer vengeance d'une provocation ou porter secours à autrui. Le Germain, au contraire, préparait minutieusement ses agressions. Arioviste, avant d'entrer en guerre avec César, avait sollicité à Rome et obtenu le titre « d'allié du peuple romain ». Arminius (Hermann), le vainqueur de Varus à Teutobourg, avait longtemps résidé à Rome, s'y était fait des amis, tout en étudiant la tactique et l'organisation de ses futurs adversaires, et avait reçu la dignité de chevalier romain. Enfin un traité de Marc Aurèle avec les Quades précise qu'ils devront fermer la frontière de l'Empire aux Marcomans, confédération germanique au nord du Danube, parce que, dit le traité, « les Germains « qui se présentent sur le territoire romain sous prétexte d'y « faire du commerce y viennent seulement pour se livrer à « l'espionnage » (18). Les choses n'ont pas beaucoup changé depuis Marc Aurèle...

Et ce ne sont pas seulement les méthodes d'Avant-Guerre qui sont restées les mêmes. En présence de nos logis pillés, dévastés, de notre population civile conduite en captivité, de nos villes bombardées et brûlées lorsque l'ennemi est contraint de les évacuer, qu'on relise ce passage d'un vieil auteur latin : « Les barbares... qui passaient violemment le Rhin... « chargeaient leurs chariots de la vaisselle, des vêtements, « des tapis volés, ramenaient même la population en escla- « vage pour s'en servir ; surtout, ils brûlaient les demeures « qu'ils ne pouvaient habiter (19). »

Ce n'était là que la manifestation, en quelque sorte spontanée, des mauvais penchants inhérents à l'âme germanique. Il était réservé à une doctrine religieuse, l'Odinisme, de donner à l'instinct destructeur, si puissant chez les Germains, une base dogmatique et philosophique et d'en tenter la justification au point de vue moral.

(18) ZELLER, *op. cit.*, p. 194.
(19) ZELLER, *op. cit.*, p. 270.

LES SOURCES DE L'ODINISME

Comme tous les peuples du monde, et spécialement comme les peuples de la grande famille aryenne à laquelle ils appartenaient, les Germains paraissent avoir reconnu, à l'origine, un Dieu créateur unique, père des esprits et des corps. On sait que la notion de ce Dieu est allée s'effaçant ou se transformant chez toutes les collectivités humaines qui n'ont pas eu le bonheur de la voir renouvelée et complétée en elles par le bienfait de la Révélation.

Chez les Égyptiens, ce Dieu du Ciel a disparu de bonne heure sous la végétation des divinités parasitaires. Chez les Chinois, il a fini par être confondu avec la voûte céleste. Chez les Aryens de l'Inde, il s'est fragmenté en divinités distinctes nées de la personnification matérielle de ses attributs spirituels. Chez les Aryens de la Perse, il a été absorbé par le symbolisme du feu sacré au point d'être identifié avec la flamme elle-même. Chez les Aryens de la Méditerranée, la fantaisie des poètes, tout en lui conservant le premier rang, lui a associé toutes les divinités qui peuplent l'Olympe. Chez les Celtes, enfin au-dessus du culte des forces de la Nature, plana toujours le souvenir de *Dag-Dé*, le Dieu bon, appelé encore *Éochu* (Ésus), le Créateur universel.

C'est certainement ce Dieu céleste et créateur, ce Dieu primitif et éternel de l'Humanité tout entière, dont nous rencontrons le culte, à demi effacé déjà et se survivant à lui-même, chez les Germains d'il y a deux mille ans. Ils lui donnaient un nom, *Ziu-Tyr*, le Dieu père, qui évoque une parenté d'idée et d'expression avec le *Dyaüs pitar* des Aryens de l'Inde, le *Zeus pater* des Grecs et le *Jupiter* des Romains. Toutefois la connaissance de ce Dieu était déjà singulièrement obscurcie au sein des tribus germaniques, dont une seule, les Semnons, l'honorait encore au 1er siècle de notre ère (20).

(20) Tacite *Germania*, 39.
Cependant, dans son étude sur la *Religion des Anciens Germains*, M. Ernest Bominghaus estime que Istwaz, Ingwaz, Freyr, Himdaller et même Balder, adorés par les Germains avant l'Odinisme, étaient des personnifications locales de Ziu Tyr. — Personnifications bien infidèles, puisque presque tous ces dieux ont déjà figure de dieux de la guerre et exigent des sacrifices humains.

La vie sauvage et exclusivement matérielle des Germains, la férocité de leurs instincts et de leurs mœurs s'accordaient mal avec une notion aussi élevée de la Divinité. Ils s'étaient donc cherché des dieux à leur image et ceux qui avaient obtenu leur suffrage, à l'époque où ils vinrent occuper les forêts en deçà de la Vistule, étaient les dieux cruels de certaines tribus pillardes de la Scythie, avec lesquelles ils s'étaient trouvés en contact.

Hérodote (21) dit quelque chose de ces « Scythes royaux », qui regardaient tous les autres Scythes comme leurs esclaves. Les trouvailles funéraires et archéologiques faites en Russie nous en ont appris sur eux bien davantage. Ils n'honoraient d'autre Dieu que le dieu de la Guerre, qu'ils représentaient par un glaive enfoncé dans le sol en signe de prise de possession et de domination sur les habitants. Pour célébrer les cérémonies de leur culte, ils élevaient dans le steppe de vastes monticules, faits de fascines, qu'ils recouvraient de terres rapportées et de gazon. Trois côtés de ce monticule, souvent long de plusieurs centaines de mètres, étaient à pic ; le quatrième montait en pente douce (22). Sur la plateforme, devant l'épée enfoncée dans la terre, on immolait des prisonniers de guerre et l'on arrosait de leur sang le glaive symbolique. On y sacrifiait aussi des chevaux, animaux consacrés au dieu de la Guerre, et leur chair était mangée dans le banquet qui clôturait la cérémonie. Religion âpre et sauvage, digne d'avoir pris naissance au sein d'une horde de pillards dont Hérodote nous dit qu'ils crevaient les yeux de leurs captifs pour leur ôter toute chance d'évasion.

Les Germains, guerriers et sanguinaires comme les « Scythes royaux », leur empruntèrent les rites essentiels de leur religion de la Guerre : l'épée enfoncée dans le sol, les sacrifices de prisonniers, la chair d'un cheval partagée pour communion à la victime. Ces pratiques étaient déjà générales parmi eux à l'époque de leur établissement en Germanie et elles avaient à ce point adultéré le monothéisme primitif que,

(21) Hérodote, IV, 20.

(22) Comparer aux teocali des anciens habitants du Mexique, et aux tumuli des Mount-Builders, aux États-Unis.

chez les Saxons notamment, nous trouvons le dieu-glaive confondu avec *Ziu-Tyr*, le Dieu-père, et désigné par le même nom. D'autres emprunts furent faits par les Germains aux mythologies des peuples avec lesquels ils entrèrent plus tard en contact. C'est ainsi qu'ils prirent vraisemblablement chez les Kymris des bords de la Baltique le culte de Ertha ou Nerthe, la Terre-Mère, déesse agricole, et chez les Scandinaves le culte de Balder, dieu de la lumière et de la beauté. Mais ces divinités étaient à peine naturalisées germaines qu'un nouveau culte, l'Odinisme, s'établit au sein du peuple conquérant, s'identifia avec l'âme germanique et en galvanisa toutes les aspirations brutales et dominatrices.

L'absence de civilisation des Germains les a empêché de conserver un seul document sur ce culte qu'ils pratiquaient encore dévotement sur certains points de l'Allemagne il y a moins de huit cents ans. En dehors d'un manuscrit du xe siècle découvert à Mersebourg et contenant des formules magiques, nous ne savons rien sur l'Odinisme que par des écrivains grecs, latins ou de culture romane — César, Tacite, Plutarque, Strabon, Suétone, Ammien Marcellin, Jornandès, Grégoire de Tours, Paul Diacre, Widukind, Bède — ou encore par les deux Eddas islandaises, tardives adaptations faites par des Scandinaves des croyances religieuses de la Germanie (23). Bien des points paraissent donc

(23) On donne le nom d'Eddas (les Aïeules) à deux recueils de littérature scandinaves, l'un en prose, l'autre en vers.

L'Edda en vers fut découverte en Islande, en 1643, par l'évêque Bryniolf Sveinsson. C'était un recueil de poésies assez obscures, compilé par un islandais, Saemund Sigfusson le Savant, mort en 1153. Quoique chrétien, ce dernier s'était passionnée pour l'ancienne littérature païenne de la Scandinavie. Sorte de Walter Scott hyperboréen, il s'était attaché à recueillir de vieux chants de guerre, des légendes mythologiques, des formulaires magiques, d'anciennes généalogies royales ; quelques pièces dataient du vie siècle de notre ère, le plus grand nombre du viie et du viiie, les dernières du ixe siècle. C'est, en somme, l'Odinisme des Wikings scandinaves, et non celui des anciens Germains, qu'il faut chercher dans l'Edda. D'ailleurs, Saemund Sigfusson le Savant, qui travaillait plus d'un siècle après la conversion de l'Islande, sur des textes vieux de trois à six siècles, a dû interpréter beaucoup de passages et suppléer à bien des lacunes. Il a même enrichi son recueil d'un Chant du Soleil, *Solar Ljod*, qui est tout entier de sa main et où il mêle les idées chrétiennes à l'imi-

destinés à demeurer toujours obscurs dans l'étude de l'Odinisme. Cependant, nous en savons assez pour nous faire une idée de sa naissance, de son caractère, de son développement et de sa persistance parmi les Germains.

L'ODINISME

C'est au commencement du IIe siècle de notre ère que l'Odinisme apparaît. Il a certainement été une création de la caste sacerdotale, qui semble s'être préoccupée de systématiser la religion de la Guerre pratiquée par les Germains, afin d'en faire, tout à la fois, un instrument de domination théocratique à son usage et un élément de formation morale pour l'ensemble de la nation.

Les peuples germaniques ne possédaient pas, à l'origine, de sacerdoce initié, organisé et hiérarchisé à la manière celtique. Les cérémonies farouches de leur culte du glaive n'exigeaient pas tant de raffinement. Cependant, chaque peuplade, et dans chacune de celles-ci chaque tribu, avait ses sacrificateurs, désignés généralement par l'hérédité, un peu devins, puisqu'ils interprétaient le vol et le chant des oiseaux, le bruit des flots et le mouvement de la feuillée, un peu sorciers aussi, puiqu'ils pansaient les blessures et soignaient les maladies au moyen de charmes plus ou moins imaginaires et d'emplâtres plus ou moins efficaces. On se fera une idée assez exacte de ce sacerdoce embryonnaire en le comparant aux magiciens chamanistes des tribus mongoles actuelles ou aux sorciers nègres de l'Afrique centrale. Mais l'intelligence

tation des vieux chants scandinaves. L'Edda en vers a été publiée *in extenso* par Rask, Stockholm, 1818, et par Münch, Christiana, 1847.

L'Edda en prose a moins de valeur. C'est une « collection de matériaux pour poètes » compilée au XIIIe siècle par l'islandais Snorri Sturlson, mort en 1241. L'épisode central, la *Fascination de Gylfi* est un long et obscur traité, par demandes et réponses, sur les Dieux, leurs aventures, leur séjour au Walhalla. Mais d'autres épisodes nous transportent à la guerre de Troie et certains passages ne sont que des traités de grammaire et de rhétorique. Cette Edda, de beaucoup la plus récente, fut découverte en Islande quinze ans avant la vieille Edda, en 1628, par Arngrim Jonsson. Il en existe des éditions complètes : Rask à Stockholm, 1818, et Sveinbiœrn Egilsson, à Reykiavik (Islande) 1848-1849.

supérieure de la race aryenne devait permettre aux prêtres
germains de dépasser ce niveau. Déjà, l'institution des Vel-
lédas créait dans ce domaine religieux une atmosphère plus
pure et plus élevée (24). Le désir de conserver certaines formules magiques, de fixer d'une manière durable certains rites,
amena quelques prêtres germains des bords de la Mer du
Nord, en contact par conséquent avec la civilisation plus
avancée des anciennes populations kymriques, à inventer un
alphabet composé de seize caractères, les « rûnes ». Ils le
conservèrent secret aussi longtemps que dura le Paganisme et
n'en apprirent l'usage qu'aux gens de leur état (25).

Supériorité immense, pour des hommes déjà entourés du
prestige de la communication avec l'invisible, que celle de
connaître l'écriture, et de la connaître seuls au milieu d'un
peuple encore profondément ignorant. Il y avait plusieurs
siècles, à ce moment-là, que les Gaulois possédaient non seulement une littérature, mais encore une numismatique pleine
d'intérêt ; les Germains, eux, n'avaient nulle idée de la fixation

(24) On a souvent parlé de la prophétesse qui soutint le courage des Germains Bructères (Hanovre), alliés des Bataves de Civilis dans leur guerre
contre les Romains, et qui, dans une deuxième guerre, fut faite prison-
nière et conduite à Rome par Rutilius Gallicus. Velléda était non pas son
nom, comme certains l'ont cru, mais la dénomination donnée à toutes les
prophétesses des Germains. Supposées douées de voyance surnaturelle,
les Véllédas, prêtresses vierges, habitaient une résidence isolée, en général au milieu d'une forêt épaisse ; elles ne communiquaient ordinairement
que par intermédiaires avec ceux qui venaient les consulter sur les affaires
publiques ou privées.

(25) « On trouve sur de grosses pierres, au delà de l'Elbe, des inscrip-
« tions rûniques entourées d'une figure de serpent, et l'on voit que les
« rûnes les plus anciennes empruntaient quelque chose de l'alphabet phé-
« nicien ou grec, dont les caractères et la langue sont signalés par les
« anciens dans ces inscriptions. S'il a existé chez les Germains, à cette
« époque, une écriture pour les inscriptions, elle n'a été employée que par
« les prêtres. C'était une écriture sacrée ; rûne veut dire secret, mystère. »
ZELLER, *op. cit.*, p. 126.

Cette parenté des rûnes avec l'écriture gréco-phénicienne s'explique
aisément. Nous venons de voir que l'alphabet rûnique prit naissance dans
la région où les Germains s'étaient superposés à la population celtique.
Or, les Druides avaient une écriture et des doctrines secrètes d'origine
pythagoricienne, c'est-à-dire grecque. L'écriture rûnique, dans le but de
rester secrète, ne fit que s'inspirer de celles des Druides kymris et ne la
copia pas littéralement.

de la pensée par des signes. Ils criaient au prodige en voyant un de leurs prêtres, après un coup d'œil jeté sur la tablette gravée de quelques rûnes qu'on lui apportait, « deviner » la question posée, à vingt lieues de là, par un de ses pareils, et y répondre. Aussi la création, puis la diffusion, de l'alphabet rûnique donnèrent-elle à la caste sacerdotale une cohésion et une importance dans l'Etat qu'elle n'avait jamais possédé. En l'an 5o avant J.-C. les prêtres occupaient si peu de place chez les Germains que César affirme positivement leur inexistence. Cent ans plus tard, les prêtres président les assemblées du peuple, proposent des résolutions, interprètent la tradition, punissent les perturbateurs et ont seuls le droit de mettre à mort un homme libre. Certaines peuplades comme les Hérules, leur demandent des rois. D'autres, comme les Burgondes, ont un roi élu, qui est responsable devant le peuple, et un grand prêtre, choisi par ses pairs, qui est irresponsable et dont la fonction l'emporte de beaucoup sur celle du roi en dignité et en pouvoir.

Rendus plus solidaires, par une science commune et par un secret commun, qu'ils ne l'avaient été jusque-là du fait de leurs attributions identiques, les prêtres germains firent effort pour se grouper et se hiérarchiser, en même temps que pour développer la partie dogmatique, encore à peu près nulle, de la religion germanique. Ils n'arrivèrent pas à la puissante unité religieuse des Druides, et leur organisation ne put jamais s'étendre à la totalité des peuples teutoniques : née sur les bords de la Mer du Nord, elle avait traversé la Baltique et s'était établie, malgré la différence de race, chez les Scandinaves, à une époque où les tribus allemandes des bords du Danube y étaient encore réfractaires. Mais, si la transformation du sacerdoce germanique ne put s'effectuer partout avec le même succès, du moins, là où elle s'opéra, une religion nouvelle naquit, qui avait ses racines dans l'ancien culte du dieu-glaive, mais qui l'enrichissait d'une théogonie détaillée, de dogmes sur la Création, sur l'Au-delà et sur la Fin du monde, ainsi que d'un cérémonial cultuel compliqué.

Le personnage central du nouveau culte fut le dieu Wotan,

ou Odin (26). Tout, dans le caractère de ce dieu, atteste qu'il est un produit purement national de la pensée des Germains, exaltée par les forêts mystérieuses et bruissantes de leur nouvelle patrie, auxquelles le vent donne une vie surnaturelle. Wotan, en effet, comme l'atteste son nom, qui, en vieux dialecte germain, signifie « le Soufflant », a commencé par être le dieu du Vent, dont la voix, tantôt douce et tantôt irritée, parlait dans le feuillage aux âmes farouches mais rêveuses des Germains. Dieu du Vent, il est devenu aussi le dieu des Morts, dont les esprits, d'après la croyance germanique, flottaient dans l'air, sous la voûte des grands arbres. Quand l'ouragan soufflait sous un ciel sombre, tordant les branches, abattant la feuillée, emplissant l'espace de clameurs désespérées, l'imagination des Germains se représentait le dieu Odin, monté sur un cheval blanc, sa barbe blanche flottant au vent, un chapeau à larges bords cachant son visage où flamboie l'éclair d'un œil unique, chevauchant dans les airs au milieu de la tempête, escorté par toute l'armée des esprits des Morts. Cette impression mythologique, âpre et grandiose, est demeurée à travers les siècles si intensément vivante dans les âmes germaniques qu'elle se retrouve constamment au fond des ouvrages d'imagination de la littérature allemande : c'est le « Chasseur sauvage » des légendes et des lieds...

Wotan-Odin est, d'ailleurs, resté vivant de plus d'une manière dans le souvenir des populations teutoniques. C'est ainsi que, comme dieu du Vent, il était honoré par les cultivateurs parce que le vent apporte une bonne récolte. « Beaucoup de vent, beaucoup de fruit » dit le proverbe populaire. A ce titre, chaque paysan abandonnait dans son champ la dernière gerbe « pour le dieu et son cheval ». Cette coutume a résisté à tous les efforts faits pour l'extirper par l'Eglise catholique. Aujourd'hui encore, dans l'Allemagne du Sud, la dernière gerbe est consacrée comme aux temps païens. Tout ce que l'Eglise a pu obtenir, c'est que l'abandon en soit fait

(26) Wûo-Tânn, Wotân, Wodan, Woden, Oden, Odin. En Allemagne, Scandinavie et Angleterre, le mercredi est encore le « jour de Woden ».

à Saint Oswald, successeur chrétien du « vieux vagabond des nuées » (27).

Dieu du Vent, Odin fut aussi invoqué comme dieu des Combats, dont la tempête est l'image dans la Nature ; la bataille était appelée « l'orage d'Odin ». Le culte d'Odin se tenta ainsi sans effort sur celui du dieu-glaive et finit par l'absorber. Mais l'imagination des prêtres germains n'était pas à court de personnifications susceptibles de peupler l'invisible. A côté d'Odin, dieu suprême, on vit apparaître son fils Donar ou Thor, dieu du tonnerre (28). Thor, auquel le quatrième jour de la semaine est toujours consacré chez les peuples du Nord, est un héros jeune et robuste, aux yeux bleus étincelants, à la barbe rousse, armé d'une massue de fer ; toujours en guerre, il a la colère prompte et terrible, la vengeance implacable. Il devint peu à peu la personnification du soldat germain et sa popularité fut plus grande que celle d'Odin lui-même. Les mines et le travail du fer, fournisseur des épées, lui furent aussi consacrés.

Les autres divinités imaginées par les prêtres d'Odin n'atteignirent jamais à l'éclat de ces deux figures centrales. La plupart n'étaient, d'ailleurs, que des transformations de divinités plus anciennes, trouvées chez les peuples celtiques, comme Ertha, déesse de la terre-féconde (devenue Friga, épouse d'Odin), ou prises chez les peuples scandinaves, comme Balder, dieu de la lumière et du soleil, mué en fils d'Odin et de Friga. Une transformation identique fit adopter les blanches fées celtiques qui hantaient les bois et se miraient dans les fontaines ; on en fit, en suivant le génie de la race germanique, les belles et farouches Walkyries, vierges des batailles, qui se plaisaient au milieu des lances rompues et du sang versé. Plus tard, toute cette armée de dieux et de déesses reçut pour demeure le Walhalla, ou « palais des Tués ».

(27) ERNEST BOMINGHAUS, *Religion des anciens Germains.* Il faut d'ailleurs noter que le nom d'Oswald dérive des Dieux Ases, dont Odin était le père et le chef.

(28) Les noms des dieux du tonnerre chez les divers peuples s'inspiraient toujours plus ou moins de l'harmonie imitative : *Donar*, chez les Germains, *Tarânn* chez les Celtes, *Péroun* chez les Slaves.

C'est là que, dans un décor grandiose mais fruste, hérissé de panoplies, ceux qui ont péri les armes à la main étaient admis à la table des dieux. Toute la nuit, en de tumultueuses agapes, ils s'énivraient de bière forte et d'hydromel. Le jour venu, ils saisissaient leur armes, se défiaient à des combats acharnés et se faisaient de larges blessures. Au soleil couchant, les Walkyries versaient sur les plaies des combattants un baume qui leur rendait vigueur et santé et ils rentraient au Walhalla recommencer l'orgie interrompue.

Religion d'une férocité sans exemple, puisqu'elle éternisait au delà du tombeau l'appétit du sang et le besoin de la guerre ; mais religion intensément nationale, parce qu'elle avait puisé son principe et ses éléments dans le tréfond de l'âme germanique ; religion appelée, dès lors, à émouvoir les fibres les plus secrètes du cœur de ses adeptes et à galvaniser leurs énergies destructrices. Le Germain primitif n'était qu'un demi-sauvage, dénué de tout ce qui fait la vie agréable et douce, pillard et cruel, dès lors, par nécessité plutôt que par goût. Le Germain « odinisé » pourra apprendre tous les arts utiles, s'assimiler la civilisation matérielle et les connaissances intellectuelles ; sa mentalité n'en restera pas moins définitivement pétrie de barbarie. D'autres peuples pourront se réclamer de la justice, de la bonté, se dévouer pour les faire triompher dans le monde ; le Germain « odinisé » rêvera éternellement de force et de domination brutale. Il y aura toujours, entre eux et lui, la distance qui séparait les adorateurs du Christ, mort pour le salut des hommes, des adorateurs du dieu-glaive qu'on arrosait de sang humain.

Comme s'ils avaient, d'ailleurs, eu le pressentiment obscur que la force n'est pas tout en ce monde et que son temps de règne est limité, les prêtres d'Odin s'entretenaient avec inquiétude du destin de leurs dieux, qu'ils désignaient sous le nom générique d'*Ases*. D'après leurs traditions, qui durèrent autant que la célébration du culte odinique, c'est-à-dire jusqu'à l'aurore des temps modernes, les Ases n'étaient pas des dieux immortels, antérieurs à l'espèce humaine et destinés à lui survivre. Avant eux régnaient sur le monde d'autres divinités, les dieux *Vanes*, moins forts et moins subtils que les dieux germains. Venus de l'Orient, comme les Germains eux-mêmes, Odin et les Ases avaient déclaré la guerre aux dieux Vanes et en avaient triomphé, tantôt par la force dans des luttes ouvertes, tantôt par la ruse dans des combats de subtilité où le disputeur qui n'avait pas réussi à deviner les énigmes posées par son adversaire était impitoyablement mis à mort. Odin et les Ases régnèrent finalement sur la ruine des deux Vanes. Mais, à la fin des temps, ceux-ci doivent avoir des vengeurs.

Un des dieux germains, le rusé Loki, proche parent d'Odin et de Thor, conspirera la ruine de sa race. Pour justifier son nom, qui signifie le *Fermeur*, il réussira à entourer le monde odinique d'un cercle d'ennemis formidables : le serpent de Midgard, personnification de la mer du Nord, élèvera au-dessus des flots sa tête effrayante ; une troupe démesurée de géants accourra de l'Est ; du Sud viendra le Seigneur du feu, armé d'une flamme dévastatrice ; enfin, à l'Ouest, le loup Fenris, que les Ases avaient fait enchaîner par les Alfes noirs, petits nains malfaisants, rompra ses liens : après avoir dévoré le bras de Thor, il engloutira Odin lui-même. Ce sera le *Ragnarock*, le Crépuscule des Dieux, la fin de leur puissance et de leur vie.

Mais les prêtres d'Odin ajoutaient que les Ases ne succomberaient pas sans vengeance et entraîneraient avec eux leurs ennemis dans l'abîme. Leur résistance ébranlera le monde et en renversera les fondements. Le feu, le feu destructeur, enveloppera vainqueurs et vaincus et l'Humanité entière périra dans un épouvantable cataclysme.

Sans doute, à l'heure présente, où l'Allemagne fait remonter aux Anglo-Saxons d'Angleterre, ses parents par le sang, l'encerclement dont elle est l'objet, plus d'un curieux des traditions odiniques doit penser à l'astucieux Loki, parent d'Odin, prédestiné à nouer la fatale coalition contre l'empire germanique. Le serpent de Midgard, dominateur de la mer du Nord, est assez bien représenté par la flotte britannique ; l'immense armée russe fait songer à la légion des géants ; l'armée de l'Italie, pays du feu solaire, remonte du sud. Dans ce cas, c'est à la France qu'il appartient de jouer le rôle du loup Fenris; c'est elle qui, après avoir secoué les liens des nains qui l'enchaînaient pour le compte des Germains, dévorera le bras de Thor, puis portera le coup mortel à Odin lui-même...

Puisse s'accomplir le destin dont les prêtres teutons, il y a dix-huit cents ans, se parlaient à voix basse sous le feuillage de leurs forêts sacrées. Puisse-t-il s'accomplir, dût la résistance des Ases sanguinaires, si chers à Guillaume II, ébranler, comme on nous en menace, les fondements du monde. Il n'est si vaste bouleversement sur lequel la croix du Christ ne puisse faire descendre la paix sereine quand les forces du mal auront été vaincues.

PROPAGATION ET DÉCLIN DU CULTE D'ODIN

La manière progressive dont le culte d'Odin, né sur les bords de la Mer du Nord, se propagea en Allemagne, puis en Scandinavie, ne lui permit pas d'arriver du premier coup à une véritable unité de doctrines et de rites. Il lui fallait, en effet, dans chaque peuplade, se faire accepter par la caste sacerdotale et se superposer au culte des dieux locaux, d'origine souvent prégermanique. Il y parvint, nous l'avons vu, d'abord en identifiant Odin avec le dieu-glaive, objet primitif de l'adoration des Germains; ensuite en faisant entrer dans la famille mythique du nouveau dieu, à titre de frère, de sœur ou de neveu, les divinités locales les plus importantes. Au bout de trois ou quatre générations, ce travail de propagation et d'adaptation se trouva accompli. Il était achevé au milieu du IIIe siècle de notre ère.

A ce moment, le corps sacerdotal germanique nous apparaît complètement organisé, aussi complètement du moins qu'il arrivera jamais à l'être. Chaque tribu germanique a sa forêt sacrée, lieu où les divinités du Walhalla sont supposées révéler plus volontiers leur présence aux fidèles. Au centre a été ménagée une clairière où paissent les chevaux blancs consacrés à Odin. Les prêtres, vêtus de robes blanches et portant la ceinture d'or, les soignent et tirent de leurs hennissement,

les présages par excellence — la divination par les nuages, par
les eaux ou par les baguettes de hêtre étant surtout destinée
à satisfaire les particuliers. C'est là que sont apportés les dons
offerts par la piété des fidèles. C'est là aussi qu'une fois par
an les trophées consacrés à Odin et aux Ases sont solennel-
lement exposés.

Ce jour-là des délégués de toutes les familles de la nation
affluent vers l'enceinte sacrée, mais ils ne peuvent y pénétrer
qu'enchaînés, en signe de dépendance vis-à-vis du dieu. Ils
assistent au sacrifice d'un ou de plusieurs chevaux, fait quelquefois par des prêtresses, revêtues du costume sacerdotal,
qui interprètent le jaillissement du sang et que l'on désigne sous
le nom de *Allrûnes*, celles qui savent tout. Ensuite ont lieu
des délibérations d'ordre politique, que le chef des prêtres
préside. Il met les décisions aux voix et demeure chargé
d'en rappeler l'exécution aux autorités civiles. Tous les
crimes entraînant la peine capitale sont également soumis à
cette assemblée politico-religieuse : le verdict prononcé, les
prêtres l'exécutent en pendant les condamnés aux arbres qui
environnent l'autel du sacrifice. Puis, un banquet rituel
réunit les fidèles, qui se partagent la chair des chevaux
immolés (29).

Souvent, les chevaux ne sont pas seuls sacrifiés à Odin :
on immole aussi des prisonniers de guerre. Dans ce cas on
les suspend aux arbres sacrés par le muscle de la cuisse et
on les laisse mourir en cet état, supplice que les Germains
de Thuringe feront encore subir à leurs prisonniers au
vie siècle, lors de leur invasion en France (30).

(29) TACITE, *Germania*, 39.
Ernst BOMINGHAUS, *Religion des anciens Germains*.
E. MOGK. *Mythologie germanique*.

(30) C'est aussi, sans doute, de cette manière qu'il faut entendre ce
qui est rapporté des prisonniers romains fait par Arminius à Teutobourg,
lors de la défaite de l'armée de Varus. Ils furent, est-il dit, « pendus aux
arbres consacrés ». A rapprocher ce passage d'une *Vie de saint Sever*,
écrite par un contemporain et citée par ZELLER, *Origines de l'Allemagne*,
I, 274 : « De même que chez les bêtes des forêts, la férocité varie suivant
« les espèces, ainsi, chez ces barbares, la cruauté prenait une forme
« différente suivant leur caractère, leurs habitudes et surtout leurs
« superstitions. La plupart, encore affiliés au culte d'Odin, croyaient

Au cours des cérémonies rituelles, un des assistants vient-il à trébucher, il lui est défendu, sous peine de mort, de se relever : il doit sortir aussitôt de l'enclos en roulant à terre sur lui-même. Plus tard, quand l'industrie se fut répandue en Germanie, on éleva au centre des clairières des statues aux dieux. La plus célèbre est l'idole *Irminsul*, élevée par les Saxons près de Heresbourg. C'était une immense colonne de bois, à peine dégrossie, que les soldats de Charlemagne abattirent en 772. Quelques-unes de ces idoles subsistèrent jusqu'à l'aurore des temps modernes; mais tandis qu'on leur conservait, en Scandinavie, leur ancien nom de « colonnes de Thor », l'Allemagne du Moyen Age leur donnait, nous ne savons pourquoi, celui de « colonnes de Roland » (31). Toutes avaient été également, pendant des siècles, teintes de sang humain.

Existait-il une unité de l'organisation sacerdotale odinique? Rien ne permet de l'affirmer. A vrai dire, la forêt du Harz, entre le Weser et l'Elbe, était considérée, avec une religieuse terreur, comme le berceau du culte d'Odin. Les prêtres qui y sacrifiaient semblent avoir joui d'une influence et d'un renom plus éminents. Mais, en supposant même que leur autorité ait été reconnue par les prêtres des autres régions de l'Allemagne, cette reconnaissance dut garder toujours un caractère secret, pour ne pas porter ombrage à l'esprit d'in-dépendance qui animait les peuplades germaniques les unes à l'égard des autres, esprit qui leur eut fait malaisément sup-porter l'hégémonie religieuse d'une d'entre elles. Sans doute, les prêtres de la forêt de Harz durent-ils se contenter d'une primauté honorifique.

Plus tard, quand Charlemagne eut renversé les autels des dieux du Walhalla et soumis les populations germaniques à la surveillance de ses fonctionnaires et des missionnaires

« se faire bien venir de leurs dieux par des sacrifices humains, mais de
« différentes manières. Les uns n'immolaient que leurs ennemis et leurs
« prisonniers; les autres égorgeaient de préférence leurs compatriotes
« *et même leurs propres parents;* pour quelques-uns l'innocence même
« de la victime avait un prix de plus : ils versaient avec délice le sang
« des faibles, des enfants, des vierges. »

(31) S. REINACH. *Orpheus*, p. 199.

chrétiens, le centre de la religion odinique se déplaça vers le Nord. Il s'établit hors de la portée du conquérant français, en Scandinavie, près d'Upsal. C'est là qu'on découvrit, au xiie siècle, au fond d'un bois épais, un temple qui avait été desservi jusqu'aux dernières années de l'Odinisme par douze prêtres, qui représentaient les douze Ases, assesseurs d'Odin. « Le sacerdoce y formait une race supérieure, divine, dépo- « sitaire de la tradition. Le prêtre descendait presque des « dieux et, quand il paraissait au milieu des affaires humaines, « il y jouissait d'une grande autorité. Ici, les sacrifices étaient « plus réguliers et accomplis selon des rites dont on ne pou- « vait s'écarter » (32).

Pourvue d'une théogonie, de dogmes, de rites et d'un sacerdoce, la religion d'Odin avait conquit la Germanie. Identifiée avec les aspirations d'un peuple nombreux, guer- rier et migrateur, elle faillit régner sur le monde quand se déchaînèrent enfin les invasions des Germains. Les Francs l'apportèrent dans la Gaule, au nord de la Loire ; les Bur- gondes l'établirent des bords de la Saône à ceux de la Médi- terranée ; beaucoup de Wisigoths la professaient encore quand ils s'établirent dans le midi de la Gaule et en Espagne ; elle passa en Italie avec les Ostrogoths et les Lombards, en Grande Bretagne avec les Angles et les Saxons ; les Vandales la portèrent jusqu'en Afrique... Tant de conquêtes eussent universalisé l'Odinisme si les farouches pillards venus des forêts transrhénanes n'avaient été séduits par le spectacle de la civilisation raffinée qu'ils renversaient, en même temps que submergés sous les flots d'une population qui les dépas- sait de beaucoup par le nombre. Peu à peu, ils perdirent quelque chose de leur férocité native, devinrent sensibles au charme des lettres et des arts ; leur sang se mêla par le mariage à celui des peuples romanisés ; les évêques et les missionnaires chrétiens firent le reste. Le jour vint où les descendants des Germains transplantés renoncèrent à Odin et aux Ases, dont le souvenir devenait bien imprécis loin des forêts qui avaient servi de berceau à leur culte.

Pendant ce temps, sur le sol germanique, l'Odinisme

(32) ZELLER, *op. cit.*, 90.

continuait à rêver la conquête du monde. Quand Attila, en 451, entra en Gaule à la tête d'un million de Barbares, il traînait sous ses étendards toute la Germanie alliée ou vassale. Dans les plaines de Châlons, les Mongols de son armée ne formaient que le centre de l'ordre de bataille ; les deux ailes étaient composées de Germains d'outre-Rhin. On sait comment cet élan se brisa, non seulement contre les Gallo-Romains d'Aétius, mais encore contre les Wisigoths, nouvellement convertis au Christianisme, et contre les Francs, encore Odinistes à demi. Les pâles et sanglantes Walkyries, qui, pour la seconde fois, avaient pris leur vol vers le monde latin menacé de ruine, durent repasser le Rhin, frémissantes et vaincues, faisant tristement cortège au « fléau de Dieu » brisé sans retour.

Quelques années encore, et c'est au delà du fleuve-frontière que la Gaule (dont le baptême de Clovis vient de faire la France) ira chercher l'Odinisme et le traquer dans ses bois sacrés. Inlassablement, nos rois mérovingiens parcourent et soumettent la Souabe, la Bavière, la Thuringe, abattant les idoles, amenant à la suite de leurs armées les prêtres du Christ, parsemant le sol germain de monastères-forteresses, comme s'ils avaient compris que le seul moyen de dénationaliser nos farouches voisins de l'Est était de leur imposer l'orthodoxie romaine. Les Carlovingiens systématiseront cette politique. Après Charles Martel et Pépin, Charlemagne, entré en Saxe pour venger les missionnaires chrétiens massacrés, consacrera vingt années de sa vie à l'extirpation du culte d'Odin ; et il emploiera, avant tout, pour atteindre son but, le seul argument dont les Germains sont disposés à admettre l'excellence : *la force*. Sa main de fer, après avoir broyé la résistance armée des Saxons, traînera les vaincus à l'église et courbera leur front sous l'eau du baptême. Toujours prêts à égorger les missionnaires qu'on leur envoie, à les sacrifier sur l'autel, relevé furtivement, de leurs dieux Ases, les Alamans, Thurigiens et Saxons s'inclineront très bas chaque fois qu'ils sentiront peser sur eux le regard du comte franc commandant leur district.

De conquête en conquête, Charlemagne poussera son

cheval jusqu'aux flots gris de la Baltique. Là, il aura l'impression d'avoir enfin triomphé des dieux germains et conquis l'Allemagne à l'église et à la civilisation latine. Illusion ! Précipités du Walhalla, les dieux se sont retirés au plus épais des forêts germaniques ; leurs adeptes, convertis en apparence, continuent à venir les y adorer en secret et leur rendre le culte sanglant. Seul, le sacerdoce a émigré. Il s'est retiré en Scandinavie, au delà de la mer, hors de la portée de la lourde épée qui déjà se retourne vers les Sarrazins. Mais la foi odinique des populations allemandes n'a pas diminué ; on s'en rend compte en lisant les manuels composés à l'usage des prêtres chrétiens qui confessaient les Thuringiens et Saxons convertis. La plupart des questions posées visent des pratiques païennes, toujours en vigueur jusqu'au xᵉ et même jusqu'au xiiᵉ siècle. Le pénitent a-t-il assisté à des assemblées interdites ?... mangé du cheval ?... ou, à défaut, des bêtes consacrées aux Ases : la corneille, la cigogne, le geai, le castor, le lièvre ?... a-t-il dédié sa gerbe au dieu nocturne et à la chasse fantastique ?...

Malgré tant de vigilance politique et religieuse, l'Odinisme montra une persistance opiniâtre et eut de brusques retours. En 1133, dans certaines localités de l'Allemagne du Nord, on célébrait encore le culte de la déesse Ertha, avec le même cérémonial décrit, mille ans plus tôt, par Tacite (33). Jusqu'au xiiiᵉ siècle, dans les mêmes régions, des sacrifices humains eurent lieu en des lieux retirés. Enfin, jusqu'à nos jours dans les campagnes allemandes, les paysans ont conservé l'usage de clouer au-dessus de leur porte une tête de cheval — porte-bonheur de l'agriculteur, expliquent ceux qu'on interroge —; en réalité, vieux signe de reconnaissance pratiqué jadis par les affiliés aux mystères d'Odin et conservé par tradition.

Nous examinerons au cours d'une prochaine étude, quel fût le rôle joué dans la formation de la Sainte Wehme par l'atavisme ethnico-religieux des Allemands. Qu'il nous suffise ici, reprenant l'idée que nous développions au début de ce travail, d'attester la puissance de cet atavisme. Même quand

(33) ZELLER, *op. cit.*, 84 seq.

le fait chrétien se fut imposé à l'Allemagne, l'hérédité odinique continua à pétrir les idées des Germains, à leur donner leur forme et leur couleur. Le génie allemand moderne lui dut ce qu'il a de froidement brutal.

L'idéal chevaleresque lui-même demeura dépouillé au delà du Rhin, de cette délicatesse de sentiments dont il s'auréolait en France, en Angleterre, en Espagne ou en Italie : rusé, cruel et sans merci, le chevalier allemand se modèle presque toujours sur le dieu Thor plutôt que sur les deux paladins du Ciel, Saint Michel et Saint Georges. Et tandis que les chansons de geste françaises et anglo-normandes interprétant l'âme nationale, forgent les figures nobles et fières de Roland, de Vivien, de Lancelot du Lac, tandis que la péninsule ibérique se contemple dans la lignée des Amadis, l'Allemagne, elle, puise aux vieilles sources odiniques pour trouver le type de son héros national. Ce ne sera pas un champion de l'idéal, un défenseur du bon droit opprimé par la force, comme ceux des nations voisines ; non, le héros allemand, Siegfried, proclamera au contraire le droit de la force brutale à régir le monde *simplement parce qu'elle est la force*. Ecoutons, dans les *Nibelungen*, ce Roland de l'Allemagne parler aux chefs des Burgondes : « Je suis un guerrier ; donc, je veux qu'on « dise de moi que je possède avec droit les gens et le royaume « de ce pays. Que cela vous fasse plaisir ou non, je vous « arracherai ce que vous possédez, bourgs, campagnes et « richesses. C'est ma volonté. Si vous ne pouvez défendre « vos terres par l'épée, elles seront toutes à moi. En « revanche, si je suis le plus faible, mon héritage est à vous. » C'est toute la morale d'Odin, et c'est toute celle de l'Allemagne, aujourd'hui comme hier, demain comme aujourd'hui. Encore les *Nibelungen*, dans leur forme définitive, ont-ils été beaucoup adoucis par les moines catholiques qui les remanièrent au xive siècle.

L'Odinisme ne fut pas contraint partout de se cacher devant le Christianisme importé de France. Il avait trouvé dans les pays scandinaves une population plus idéaliste que celle de la Germanie, mais aussi pauvre et non moins guerrière. Il la pénétra de sa fièvre de conquêtes et de dévastation et la lança à l'assaut de l'empire carlovingien. Si l'on en croyait le moine de Saint-Gall, les courses maritimes des Northmans en Occident auraient commencé du vivant même de Charlemagne; il est plus vraisemblable qu'il ne les combattit que sur les rivages de la mer du Nord. Sous ses petits-fils, profitant des discordes intestines et de l'affaiblissement du pouvoir central, les « rois de mer » cinglèrent vers les côtes de France et d'Angleterre et portèrent leurs ravages jusque dans la Méditerranée.

Le caractère véritable de ces expéditions a été assez mal dégagé par beaucoup d'historiens. Ils se sont contentés d'y voir une entreprise systématique de piraterie — aspect que les entreprises des Northmans ont, en effet, présenté. Mais leurs dévastations furent aussi et surtout une revanche de l'Odinisme sur le Christianisme, vainqueur de la terre germanique. En s'élançant sur leurs longues barques pontées, dont la proue se recourbait en forme de dragon, à la conquête du monde occidental, les Scandinaves vengeaient la querelle de la Germanie courbée sous le joug des Francs et accomplissaient une sorte de croisade païenne.

Le nom d'Odin, prononcé en cadence à la plus vieille manière (Wuo-tànn! Wuo-tànn!) rythmait l'effort régulier de leurs rameurs (34); des rûnes germaniques invoquant la protection de Thor décoraient la poupe du navire et les rames. Débarqués au nombre de quatre ou cinq cents, rarement quelques milliers, sur le rivage chrétien, ils se ruaient avec tant de soudaineté à l'assaut d'une ville qu'ils s'en emparaient presque toujours à la faveur de la surprise. Repoussés ou vainqueurs, ils remontaient ensuite le fleuve le plus proche, fort avant dans les terres, allant parfois jusqu'en Auvergne ou jusqu'en Bourgogne et ne laissant sur leur chemin que des ruines fumantes. Leur fureur odinique s'assouvissait surtout sur les moines, les religieuses et les prêtres qu'ils massacraient avec des raffinements de cruauté. « Nous leur avons chanté la messe des épées », disaient-ils en riant, le soir, se partageant en un banquet rituel le cheval immolé

(34) Voir dans Georges COMTESSE, *La Marine d'autrefois*, le chapitre des invasions normandes.

à Odin et à Thor. Aussi la terreur les précédait-elle et les peuples ajoutaient à la liturgie du temps l'invocation désespérée : *A furore Normanorum — Libera nos, Domine!*

Les Northmans n'auraient pu accomplir tant de ravages s'ils n'avaient trouvé un concours précieux chez certains habitants des régions envahies, qui leur ouvraient furtivement la porte des cités et leur servaient de guides et d'informateurs. Au Sud, ces alliés de l'envahisseur étaient généralement les Juifs, qui trahissaient par appât du gain et à prix débattu (35). Au Nord, c'étaient surtout des Francs mal christianisés en qui se réveillait le souvenir de l'ancienne foi odinique ; ou encore des adeptes secrets des vieilles croyances païennes, lesquels, depuis plusieurs générations, n'avaient accepté que des lèvres le fait chrétien. Le campement des Northmans s'ouvrait largement à ces ennemis de la civilisation latine : mêlés aux pirates, ils sacrifiaient à Odin et mangeaient la chair du cheval consacré. A ce prix, on les admettait dans la horde pillarde sur le même pied que les Scandinaves eux-mêmes. Ces défections devinrent si nombreuses que lorsque Robert le Fort livra bataille, à Brissarthe (Pont-sur-Sarthe, près d'Angers), à la bande du « roi de mer » Hastings, cette dernière se composait pour moitié de transfuges Bretons convertis à l'Odinisme (36).

Souvent aussi, cette apostasie était l'effet du désespoir plutôt que d'un réveil de l'atavisme païen. « Les paysans », dit Augustin Thierry « s'animaient quelquefois d'une bra-« voure désespérée, et, avec de simple bâtons, affrontaient « les haches des Northmans. D'autres fois, voyant toute « résistance inutile, abattus et démoralisés, ils renonçaient « à leur baptême pour détourner la fureur des païens, et, en « signe de leur initiation au culte des dieux du Nord, ils « mangeaient de la chair du cheval immolé en sacrifice.

(35) C'est ainsi qu'en l'an 847, ils livrèrent aux Northmans la ville de Bordeaux, qui fut brûlée de fond en comble. Henri Martin, *Histoire de France*, p. 434, est obligé de convenir : « Ces tragiques histoires de « villes livrées par les Juifs aux ennemis des Chrétiens reviennent sou-« vent dans les Chroniques du Moyen Age : les Juifs étaient, au sein de « la Chrétienté, d'éternels ennemis. »

(36) DURUY, *Histoire de France*, I, p. 131.

« Cette aspostasie ne fut point rare dans les lieux exposés
« au débarquement des pirates ; leurs bandes se recrutèrent
« même de gens qui avaient tout perdu par leurs ravages, et
« d'anciens historiens assurent que le fameux roi de mer
« Hastings était fils d'un laboureur des environs de
« Troyes » (37).

Ces complicités expliquent les succès militaires des
Northmans. Elles montrent aussi l'étendue du péril que
l'Odinisme fit courir au monde chrétien au ixe siècle de notre
ère. Nul doute que si les Scandinaves avaient eu l'attachement profond des Germains pour le culte des dieux Ases,
ils n'eussent constitué, à la longue, au sein des territoires
envahis, des noyaux durables de population payenne. Conquérants de la plus grande partie de l'Angleterre, maîtres d'éta-
blissements permanents sur les côtes de Flandre et de Neus-
trie, sur le cours de la Seine et de la Loire, ils pouvaient faire
reculer peu à peu le Christianisme en groupant contre lui
tous les mécontents. Mais le culte d'Odin n'était pas autoch-
tone en Scandinavie et les Northmans ne l'avaient adopté
qu'en le modifiant, en certaines de ses parties, selon le génie
de leur race, en supprimant notamment les sacrifices humains
rituels, qui en formaient la base, en idéalisant la mythologie
odinique par la poésie des Scaldes, ces rhapsodes du Nord.
Le tempérament ethnique des Scandinaves, guerrier à l'excès
mais non exempt de générosité, était susceptible de goûter
des conceptions religieuses plus pures que celles importées
de Germanie. Aussi leur attitude se modifia-t-elle promptement à l'égard du Christianisme. Partout où ils s'établirent
à demeure sur le sol d'Occident, ils ne tardèrent pas à se
convertir sans arrière-pensée et ces fils de massacreurs de
prêtres firent souche d'excellents Chrétiens. Une brève comparaison permettra de juger la différence qui séparait les
deux races : trois siècles après Charlemagne, les Saxons,
convertis de force au Christianisme, revenaient encore en
cachette aux mystères d'Odin. Trente ans après le traité de
Saint-Clair-sur-Epte (912), les fils des Normands de Rollon

(37) Augustin THIERRY, *Histoire de la conquête de l'Angleterre*,
pp. 99 et 100.

comptaient parmi les peuples les plus fermement catholiques de cette époque.

Ainsi se brisa, à l'aurore du xe siècle, le dernier assaut de l'Odinisme, devant la force conquérante de l'idéal chrétien. Celui-ci devait bientôt aller saper, jusque dans leur froide patrie, la puissance des dieux du Nord. Les successeurs de Saint Anschaire, moine de Corbie, en Picardie, vinrent à bout, après avoir subi bien des persécutions sanglantes, de convertir le Danemark ; ceux de Sigfrid, prêtre d'York, en Angleterre, convertirent la Suède ; et le xe siècle n'était pas achevé que Saint Olaf, roi de Norvège, après avoir établi l'Église du Christ dans son royaume, envoyait des missionnaires à la lointaine Islande. La Scandinavie échappait définitivement au culte d'Odin.

Peu à peu, le silence se fit sur les sanglants mystères, dont les adeptes se firent de plus en plus rares à mesure que les princes multipliaient les églises et les monastères et favorisaient l'enseignement chrétien. L'heure vint où le dernier temple odinique, isolé au fond des forêts, cessa d'être desservi par le dernier prêtre des Ases. Le Christ régna sur les contrées les plus reculées de l'Allemagne. Mais l'âme germanique gardait, dans ses replis, l'empreinte profonde de la croyance en apparence abolie...

LA RÉSURRECTION DE L'ODINISME

L'oubli était descendu, en poussière grise, sur les antiquités odiniques de l'Allemagne, sans pour cela que l'âme de ses habitants eut perdu beaucoup de son âpreté. Cela était surtout sensible dans les provinces du Nord, où la Réforme avait succédé à si bref intervalle aux croyances païennes que l'action bienfaisante du Catholicisme avait à peine eu le temps de se manifester. Ce fut l'Allemagne — avec ses ministres protestants, prédicateurs de massacres et d'incendies, avec ses reîtres souillés de tous les crimes et riant de toutes les profanations — qui déchaîna sur l'Europe l'épouvantable fléau des guerres de religion. Un siècle durant, la saturnale sanglante se déroula comme aux beaux temps de l'Odinisme. La seule différence appréciable consistait dans la substitution aux vieux dieux germaniques d'un Christ aussi dur, aussi glacé, aussi étranger à toute pitié divine ou humaine qu'auraient pu l'être les hôtes du Walhalla. Eternellement semblable à elle-même, l'âme allemande ne pouvait concevoir son Dieu autrement que fait sur le modèle de ceux qu'elle avait honorés jadis ; cette particularité a duré jusqu'à l'époque contemporaine.

N'est-ce pas, en effet, un cri de Germain du Ve siècle que poussait, en avril 1814, un illustre savant allemand, Jean-Joseph Gœrres, physicien, naturaliste, linguiste, historien *et théologien*, dans les colonnes d'une gazette alors fort répandue, le MERCURE DU RHIN. « Que leur Louvre », disait-il, « soit bombardé et réduit en cendres... Vengez vos « ancêtres de toutes les perfidies de la royauté des Francs. « Détruisez la basilique de Saint-Denis ; dispersez aux vents « les ossements de leurs rois. ABATTEZ, RÉDUISEZ EN CENDRES « CETTE BASILIQUE DE REIMS OU FUT SACRÉ CLOVIS, OU PRIT « NAISSANCE CET EMPIRE DES FRANCS, FAUX-FRÈRES DES NOBLES « GERMAINS ; INCENDIEZ CETTE CATHÉDRALE, *et les Anglais, qui* « *n'ont pas oublié la guerre de Cent Ans, ne seront pas les* « *derniers à applaudir à la disparition de la basilique où leur* « *plus grande ennemie fit sacrer Charles VII* ». Le projet de destruction de la Cathédrale de Reims a été conçu, on le voit, bien avant Guillaume II... (38).

Pourtant, à l'heure où Jean-Joseph Gœrrès invitait l'Allemagne de 1814 à se venger sur la merveille rémoise de l'abjuration de Clovis, bien peu nombreux étaient les Allemands ayant quelque connaissance de l'ancienne foi de leur race. Les Eddas scandinaves, découvertes en Islande comme nous l'avons dit à la note 23, avaient trouvé en Norvège et en

(38) L'auteur de cette provocation sauvage, professeur à l'Université de Coblentz, puis à celle de Munich, écrivit en quatre tomes une *Mystique chrétienne*, ainsi qu'un volume d'*Aphorismes sur l'Art*... Cet incendiaire rêvait sans doute déjà, comme l'ont proposé récemment certaines feuilles teutonnes, de rebâtir la Cathédrale de Reims sur un plan inspiré par la Kultur germanique.

Suède des traducteurs et des commentateurs : l'Allemagne les ignorait encore presque complètement. Il était réservé à deux savants allemands, les frères Grimm, de les faire connaître à leurs compatriotes et de réveiller chez ceux-ci, par les travaux qu'ils consacrèrent à l'antique mythologie des wikings, le goût des connaissances odiniques.

Louis-Jacques Grimm, le plus célèbre des deux frères était né à Hanau le 4 janvier 1785. Après avoir étudié le droit à Marbourg, il devint secrétaire d'un de ses professeurs, M. de Savigny, érudit allemand d'origine lorraine, qui le forma aux recherches historiques et lui donna le goût des choses du Moyen Age. Il le quitta bientôt pour remplir les fonctions de secrétaire d'Etat à la Guerre dans l'électorat de Hesse-Cassel, et fut ensuite conservateur de la bibliothèque de Wilhelmshoë et auditeur au Conseil d'Etat. L'électeur de Hesse, rétabli dans ses Etats par la coalition, l'employa dans la diplomatie et l'envoya d'abord comme secrétaire d'ambassade à Paris, puis au Congrès de Vienne. Il n'avait pas encore trente ans. Au mois d'août 1815, le roi de Prusse, qui l'avait distingué, lui confiait à son tour une mission de confiance, celle de venir reprendre à Paris les manuscrits précieux enlevés par Napoléon ; il s'acquitta de cette tâche avec joie et en l'agrémentant de véritables rapines. Sa vie fut ensuite tout entière consacrée à l'étude et à un labeur acharné. Professeur de littérature allemande à l'Université de Gœttingue (Hanovre), en 1830, il se montra partisan déclaré de l'unité allemande sous l'hégémonie des Hohenzollern ; mais sa protestation contre l'abolition de la constitution hanovrienne, en 1837, l'ayant fait destituer, il dut se retirer à Cassel. Heureusement pour lui, la Prusse le dédommagea largement des sévérités du Hanovre. Appelé à Berlin, il fut nommé en 1841 membre de l'Académie de cette ville et le reste de sa vie s'écoula au milieu des honneurs qui lui furent prodigués.

La vie de Guillaume Charles Grimm, né à Hanau le 24 février 1786, est un reflet de celle de son frère aîné. Comme lui, il étudie le droit à Marbourg. D'abord secrétaire de la bibliothèque de Cassel, il le suit à Gœttingue, en 183o, comme conservateur en second de la bibliothèque de cette ville, puis comme professeur suppléant à l'Université. Enveloppé dans la disgrâce de son frère, il se retire avec lui à Cassel, pour l'accompagner ensuite à Berlin, où les faveurs de la cour de Prusse lui sont dispensées avec la même générosité. Son étroite collaboration avec Louis-Jacques Grimm a donné naissance à un grand nombre d'ouvrages, dont plusieurs portent leurs noms réunis.

Nous ne nous occuperons ici que de ceux ayant trait à l'Odinisme (39). Le nombre en est considérable, depuis l'*Histoire de la Langue Allemande*, somme des connaissances du temps sur les peuples de l'ancienne Germanie, leur origine, leurs coutumes, leurs dialectes, jusqu'à la *Mythologie Allemande*, ouvrage capital pour l'étude du culte d'Odin. Citons particulièrement les *Traditions allemandes*, les *Forêts de l'ancienne Germanie*, les *Caractères rûniques allemands*, les *Anciens chants héroïques danois*, etc. Dans cette œuvre immense — type achevé du travail teuton, où la multiplicité des détails provoque une confusion inévitable — éclate un sentiment profond d'orgueil germanique. Pour les frères Grimm comme pour Fichte, l'Allemagne de l'origine portait en elle toute noblesse, toute science et toute vertu ; elle a été victime du monde occidental, qu'elle avait pour devoir de dominer, afin de l'améliorer ; les périodes d'influence latine en Germanie ont été des périodes de déchéance... Un long chant d'apothéose nationale s'élève de ces ouvrages écrits à la gloire de la race allemande, de la langue allemande, et surtout des vieilles croyances allemandes, c'est-à-dire du culte farouche et sanglant que nous avons décrit.

(3g) On doit, en outre, à Louis-Jacques Grimm, une *Grammaire Allemande* qui a rendu intelligibles à tous les dialectes allemands du Moyen Age. C'est un vaste ouvrage, demeuré inachevé : il ne comprend pas moins de 6oo pages sur le rôle des consonnes et des voyelles... Ses *Antiquités du Droit allemand* parlent beaucoup de l'ancienne France. Michelet en a fait une condensation dans ses *Origines du Droit français*. Il tenta de simplifier l'orthographe allemande et fit adopter les caractères latins pour l'impression des livres scientifiques.

Le retentissement des publications historiques dues aux frères Grimm fut immense au delà du Rhin : elles réveillaient dans l'âme allemande mille échos endormis, flattaient sa soif de particularisme, ses rêves de domination. La jeunesse studieuse se passionna pour les vieux dieux qu'on lui révélait ainsi et qui étaient à l'Allemagne seule ; elle rêva des belliqueuses et poétiques Walkyries, de Thor et de son marteau vainqueur, des sacrifices faits à Odin dans des forêts romantiques, à la pâle clarté des astres nocturnes. Tout le paganisme inconscient dont la mentalité allemande était demeurée pétrie, et qui ne s'était épanché jusque-là que dans les légendes populaires et la littérature d'imagination, se donna librement carrière.

L'Allemagne est peut-être le pays où l'homme cherche le plus obstinément à transporter son rêve dans la réalité. Il suffit de cette évocation historique de l'Odinisme pour donner une impulsion nouvelle aux désirs d'unité nationale et d'hégémonie européenne qui hantaient alors les Allemands. Toute une littérature naquit, qui, à l'exemple des frères Grimm, mêla le souvenir des dieux germains au désir d'une Allemagne une et victorieuse de la Latinité. Elle conquit en un instant la faveur du public. On vit des foules acclamer longuement un médiocre ouvrage de Frédéric Halm, le *Gladiateur de Ravenne*, qui montrait Thumélicus, fils du grand Arminius, au milieu de la cour corrompue de Caligula. Tout bon Allemand répétait avec ferveur les imprécations de Thusnelda : « Donne-moi la couronne de chêne... Venez, feuilles
« de ma patrie, et bruissez autour de mes tempes comme la
« forêt de Teutobourg... J'implore tous nos dieux, ceux qui,
« bienheureux, habitent la lumière, et aussi les dieux des
« ténèbres. Je leur demande vengeance contre Rome, ven-
« geance séculaire, éternelle... Ils m'entendent ! Des voix
« lointaines viennent jusqu'à moi, des fantômes se dégagent
« du brouillard de l'avenir. C'est le mugissement des flots,
« c'est le tonnerre de l'Océan, non ! c'est un déluge de
« guerriers ! les murs tombent, les remparts éclatent ; l'in-
« cendie rougit le ciel, le sang rougit le fleuve. Ils viennent
« pour punir, ils viennent pour venger : Rome la superbe

« s'affaisse en débris, des millions de voix germaines crient
« victoire!... Je vois la terre et l'Océan domptés par le glaive
« des Germains, soumis à l'esprit germanique ! Oui, dieux
« de ma patrie, nous triomphons, nous triomphons... Nos
« ennemis sont dans la poussière : ils rampent à nos pieds,
« ils sont nos esclaves, ils implorent en vain, ils s'agitent en
« vain dans leurs fers... » (40).

C'était peut-être en sortant d'une représentation de ce
genre, où l'âme allemande s'enivrait de haine, de fureur et
d'espérance qu'un étudiant teuton proposait de venger sur
la France le supplice de Conradin de Hohenstauffen, mis à
mort en 1268 par Charles d'Anjou...

Quoi qu'il en soit, le courant néo-odinique était si puissant
que le roi Louis Iᵉʳ de Bavière, faisant élever au mont Bron-
berg, sur la rive gauche du Danube, près de Ratisbonne, un
gigantesque monument à la gloire des grands hommes de
l'Allemagne, lui donnait le nom significatif de *Walhalla*. Il y
plaçait, d'ailleurs, entre les bustes d'autres célébrités, ceux
d'Attila, roi des Huns, d'Alaric, roi des Goths, qui prit
Rome, de Genséric, roi des Vandales, qui la ruina presque
entièrement — de ce Genséric qui disait rêveusement à ses
familiers : « J'entends souvent une voix qui me parle tout
bas et qui me dit de détruire Rome... »

Rome, dans la pensée des néo-odinistes du xixᵉ siècle,
c'était la France, héritière par excellence de la civilisation
latine. Henri Heine ne s'y trompait pas, qui engageait les
Français à se méfier des conséquences de la fermentation
germanique et « à tenir la main sur la garde de leur épée ».
Dès 1834, dans son livre sur l'*Allemagne*, il écrivait ces lignes
prophétiques, dont le rappel s'impose au lendemain des des-
tructions de Louvain, d'Ypres, de Reims, d'Arras et de Sois-
sons : « La civilisation chrétienne disparaîtra d'Allemagne et
« alors débordera de nouveau la férocité des anciens com-
« battants... Alors, et ce jour, hélas ! viendra, les vieilles

(40) Frédéric HALM (le baron de Münch-Bellinghausen), 1806-1871,
était conseiller d'État autrichien, premier conservateur de la Bibliothèque de la Cour d'Autriche, et directeur des théâtres subventionnés
de Vienne. Le *Gladiateur de Ravenne* est son œuvre capitale.

« divinités guerrières se lèveront de leurs tombeaux fabu-
« leux, essuieront de leurs yeux la poussière séculaire ; Thor
« se dressera avec son marteau gigantesque et détruira les
« cathédrales gothiques ».

La menaçante prophétie s'est réalisée.

Et, comme pour attester la pensée religieuse inconsciente
qui a présidé à cette destruction, le *Lokal Anzeiger* de
Berlin, du 1er janvier 1915, imprimait à propos de la cathédrale de Reims : « Les cloches ne sonnent plus dans le dôme
« aux deux tours. Finie la bénédiction !... Nous avons fermé,
« ô Reims ! avec du plomb, ta maison d'idolâtrie ». Cri de
haine d'un reître huguenot du xvie siècle ? Ou cri de joie
d'un Germain odiniste contemporain de Genséric ?... Les deux
peut-être, puisque l'idéal germanique moderne se réclame de
cette double hérédité.

ODINISME ET PANGERMANISME

Le retour de l'Allemagne du xixe siècle à l'Odinisme de
jadis ne s'est jamais affirmé d'une manière plus éclatante que
dans ce qu'on pourrait appeler, avec Nietzche, le *Cas Wagner*.
Nous n'examinons pas ici la question de savoir si l'auteur
de la Tétralogie est, ou n'est pas, le plus grand génie musical de tous les temps. Les sensations parfois agréables, souvent fastidieuses, que sa musique a pu causer au signataire
de ces lignes sont indifférentes au sujet qui nous occupe. En
conséquence, nous sommes fort bien disposés à admettre que
les uns portent aux nues les qualités du magicien de Bayreuth tandis que d'autres s'exaspèrent contre ses défauts.
Ce qui nous intéresse dans Wagner c'est l'Odiniste tenace,
convaincu, doué d'un talent assez intensément germanique
pour faire vibrer toutes les fibres de l'être allemand. Par
l'immensité de son œuvre, par l'orientation persistante qu'il
lui a donnée, par le retentissement prodigieux qu'elle a eu,
Wagner rejoint les frères Grimm : ce qu'ils furent dans le
domaine de l'érudition et de l'intellectualité pure, il l'a été
dans celui de l'art et des sensations. Le langage que les frères
historiens avaient tenu aux cerveaux des Allemands, Wagner

l'a parlé à leurs nerfs. Et il est très probable que dans un pays comme l'Allemagne (où l'état d'exaltation nerveuse est continu et où l'enthousiasme, quelle qu'en soit la source, confine aisément au délire lucide), c'est le musicien, producteur de sensations vagues mais ardentes, qui l'a emporté en influence profonde sur l'érudit.

L'Odinisme foncier de Richard Wagner surprendra peut-être ceux qui savent tout ce que l'œuvre du grand compositeur allemand a emprunté à nos trouvères français du Moyen Age. Sans doute *Tristan et Ysolde* comme *Parsifal* sont des adaptations de nos vieux romans *Tristan* et *Perceval le Gallois*, dont ils n'ont pas, d'ailleurs, rendu toute la grâce et la finesse; *Lohengrin*, déjà plus germanique, est tiré de la vieille légende du « chevalier loherain » ou lorrain. Mais ces thèmes celtiques égarés dans le répertoire wagnérien ne sont pas ceux qui rendent la pensée intégrale du maître : ce n'est pas eux qu'il a choisis pour extérioriser son émotivité et confesser son rêve. Si l'on veut lire dans l'âme de Wagner, il faut interroger son œuvre maîtresse, l'ANNEAU DES NIBELUNGEN, cette étonnante succession de quatre pièces (l'*Or du Rhin*, la *Walkyrie, Siegfried, le Crépuscule des Dieux*), destinées à être jouées successivement, en quatre journées, à la manière des représentations religieuses de l'Antiquité grecque et dans une atmosphère non moins religieuse.

Or, que nous dit de cette œuvre l'occultiste Edouard Schuré, juge des plus avertis et des moins passionnés? Ceci, qui précise à merveille la source de l'inspiration de Wagner, l'atmosphère dans laquelle il a écrit, le but qu'il s'est proposé :

Nous touchons enfin à la création la plus parfaite, du moins la plus surprenante et la plus colossale du poète musicien. Tout y est extraordinaire et hors cadre : le sujet, l'idée, la forme, la proportion même de l'ensemble. Son étrangeté défie la comparaison et son audace rompt en visière avec toutes les habitudes du théâtre contemporain. Entrevu au sortir de la jeunesse, ébauché dans la force virile, continué en exil, abandonné, repris, achevé enfin vingt ans environ après sa conception première, ce drame gigantesque occupe une place capitale dans le développement de l'artiste. Il a plané sur sa vie orageuse et obsédé sa pensée comme le génie sombre et lumineux de sa destinée, ce génie qui lui commandait, semble-t-il, d'oser toujours davantage et de couronner son œuvre par une tentative unique dans les temps modernes...

... De quoi s'agit-il, dans ce drame auquel l'auteur a rattaché la fondation d'un nouveau théâtre conçu dans un esprit diamétralement opposé aux théâtres existants, et *qui forme comme le couronnement d'une œuvre entière? Ressusciter l'ancien mythe et la légende héroïque des Germains en ses couleurs fortes et primitives, les fondre en un seul tout* par le souffle d'une inspiration nouvelle sous la maîtrise d'une grande pensée, et représenter ce vaste ensemble en quatre journées ou drames successifs, à la manière des trilogies antiques, avec toute la splendeur décorative et l'exécution parfaite que réclame un sujet aussi riche : tel était le projet.

... Le dessein extrêmement hardi du poète était de renouer la tradition héroïque des Germains, qui se groupe autour du personnage de Siegfried, au mythe des dieux germaniques et scandinaves dont Odin est le chef.

En d'autres termes, il s'agissait d'identifier les *Nibelungen*, épopée traditionnelle de l'Allemagne catholique du Moyen Age, avec les origines odiniques de la nation. Dans ce poème prestigieux, mais dont la beauté devient sinistre à force d'atrocités décrites, les mœurs sont sauvages, féroces, mais le milieu est chrétien. Le « minnesinger » inconnu qui le composa, au commencement du xiie siècle, nous montre, dans la Germanie d'Attila, Sieglinde faisant dire des messes, Krimhilde et Brunhilde s'insultant sur les degrés de la cathédrale de Worms. Anachronisme pieusement respecté par tous ceux qui avaient travaillé sur ce vieux fond épique...

Wagner n'hésita pas à rompre avec la tradition, à consulter l'âme de ses héros plutôt que le milieu où on les fait vivre : dans les Allemands frottés de Christianisme, ce voyant reconnaissait les éternels sectateurs d'Odin. Dès lors, il résolut de transformer le vieux mythe médiéval, de le muer en épopée païenne : tout le merveilleux étrange et inquiétant de l'Odinisme vint remplacer autour de Siegfried et de Hagen, de Krimhilde et de Gunther, le décor des cathédrales ; les chevaliers se changèrent en guerriers germains couverts d'armes, barbares, et Brunhilde, princesse chrétienne d'Islande, se transforma en Walkyrie...

Cette paganisation du poème national de l'Allemagne par

celui qu'elle saluait comme son plus grand compositeur-poète attestait la puissance de la vague odinique qui déferlait dans les âmes. En même temps, elle donnait à cette vague une impulsion nouvelle, lui permettait de conquérir de nouveaux domaines : par elle, l'idéal ethnique et guerrier des Allemands modernes se trouvait définitivement situé en plein décor païen. En pays latin ou latinisé, c'est-à-dire raisonneur et positif, le fait n'aurait pas eu de conséquences importantes. Il en allait autrement en terre germanique. Pour les auditeurs habilement fanatisés, les représentations solennelles de la Tétralogie, à Bayreuth, prirent une importance en quelque sorte sacramentelle. Accourues des quatre coins de l'Allemagne, les foules vinrent y communier, moins dans l'admiration pour une forme nouvelle de l'art dramatique et musical, que dans la divinisation de l'instinct national allemand. Hallucinés par les rythmes wagnériens, par la splendeur et l'étrangeté du spectacle, bourgeois paisibles, hobereaux hautains, intellectuels en mal d'émotions rares, sentirent sur leurs fronts un peu du frisson qui passait sous les chênes quand leurs lointains ancêtres sacrifiaient à Odin...

C'est ainsi que Wagner a été l'un des principaux champions de la renaissance de l'idée odinique en Allemagne. Ayant été à la tâche, il méritait bien d'être à l'honneur quand éclata l'effroyable guerre actuelle, qui allait libérer toutes les aspirations farouches patiemment cultivées chez les Allemands. *Il y fut*. Qu'on relise, en effet, la chronique récemment publiée par M. Pierre Lalo, critique musical du *Temps*. Le fils du grand musicien du *Roi d'Ys* se trouvait à Bayreuth au moment de la rupture diplomatique qui précéda la déclaration de guerre. Il a tracé de ces instants tragiques, et de la foule au milieu de laquelle il les vécut, un tableau singulièrement vivant et coloré. Quand le télégraphe apporta la nouvelle que l'ordre de mobilisation était lancé par l'Empereur, le général commandant d'armes apparut sur le péristyle du temple de la musique wagnérienne, théâtralement entouré d'officiers en grand uniforme et de toutes les autorités. Alors, claironnées par les trompettes d'argent, planèrent sur la foule attentive les notes du thème du Graal. Lecture fut donnée du décret impérial. Puis, à nouveau, les trompettes sonnèrent, associant Wagner à la rumeur d'enthousiasme qui montait...

Ce tableau symbolique permet de se faire une idée assez juste des résultats objectifs donnés par le néo-odinisme. Officiellement chrétienne, l'Allemagne ne l'est plus de cœur : en un siècle, son idéal religieux est redevenu ce qu'il était aux premiers temps de son histoire. Qu'une telle évolution se soit produite inconsciemment dans la foule allemande, qu'elle n'en ait pas encore la vision claire, c'est ce que l'on croira aisément : l'art de lire en soi, d'analyser ses idées et ses sensations, n'est pas caractéristique de l'intelligence germanique. Mais des cerveaux lucides et bien doués ont perçu cette vérité et l'ont exprimée aussi clairement que le permettait la prudence. De ce nombre était le célèbre professeur Karl Lamprecht, de Leipzig, mort il y a quelques semaines, qui avait trouvé l'ingénieuse formule ci-après : « Qui donc ose-« rait nier que maintenant encore il existe un *Dieu chrétien* « *germanique* et qu'il lui arrive de se manifester à l'étranger « comme un Dieu fort jaloux ». Pour *chrétien* que Lamprecht consente encore à l'appeler, ce *Dieu germanique*, ce Dieu ennemi de l'étranger, ressemble déjà fortement à celui qui régnait sur le Walhalla.

Avec l'empereur Guillaume II, l'évocation se fait plus nette et la formule plus transparente. Pour ce chef de l'Église Évangélique de Prusse, l'Allemagne doit placer ses espoirs dans le « deutscher alte Gott », le « vieux Dieu allemand » — expression équivoque qui lui permet encore de laisser croire qu'il parle du Christ, alors qu'il est évident pour tous ceux qui le connaissent qu'il fait allusion à Odin.

Car si le souverain allemand n'a (tous les témoignages de ses intimes concordent sur ce point) aucune conviction religieuse précise, il est, philosophiquement parlant, un adepte convaincu de la religion odinique, qu'il tient pour la plus haute expression du Pangermanisme dans le domaine de la pensée. Dès 1904, Henri de Noussanne signalait le fait au cours de son volume sur LE VÉRITABLE GUILLAUME II. Dans un chapitre qui porte un titre significatif, *le Dieu Wotan, Dieu de Guillaume*, l'auteur écrivait les lignes que voici (41).

Lorsque, sur le pont de son yacht *Hohenzollern*, Guillaume II vogue à travers les fjords de Norvège, son rêve se porte vers ces temps fabuleux où les dieux du Walhalla s'incarnaient dans des corps mortels et faisaient trembler le monde au bruit de leurs exploits. Il s'enthousiasme au souvenir de ces Northmans qui descendaient, il y a mille ans, des mers du Nord vers les embouchures de l'Escaut, de la Seine et de la Loire, en chantant les complaintes des Walkyries et les invocations à Thor, le Dieu du tonnerre...

Toutes les fois qu'il revient du Nord, son imagination est remplie des fables du Wotanisme. On dirait qu'il a rencontré Frithiof, chevauchant sur Ellida, à la rencontre du *Hohenzollern*.

Le 27 juin 1892, arrivant de Bergen, il présidait au lancement d'un petit cuirassé de la marine allemande. Il prend la parole :

— O navire, s'écrie-t-il, je te baptise le *Heimdall*. Tu tireras ton nom de la préhistoire de nos aïeux dans le Nord. Tu dois porter le nom d'un Dieu à qui était dévolue la haute mission de défendre les portes d'or du Walhalla. De même que ce héros, à l'heure du danger, sonnait de sa corne d'or, dans le Crépuscule des Dieux, de même je souhaite, ô navire ! qui porteras le grand nom de *Heimdall*, que le bruit de ta marche sème le trouble et le découragement dans les rangs de tes ennemis.

Le *Heimdall* n'est pas le seul navire allemand qui porte un nom de la mythologie scandinave (42) ; on trouve encore le *Hildebrand*, l'*Ægir*, le *Frithiof*, l'*Odin*, le *Béowulf*, le *Velléda*, etc.

M. de Noussanne eut pu rappeler, dans le même ordre d'idées, l'hymne composé par Guillaume II pour le dieu Ægir, dieu de la mer favorable, comme le serpent de Midgard l'est de la mer hostile. L'exécution de cet hymne sous la direction personnelle de l'Empereur, bâton de chef d'orchestre en main, le jour où fut lancé le navire de guerre portant le même nom, fit sensation à l'époque. On parla dans le monde entier du « cabotinisme » impérial... C'était, à notre avis, ne pas remarquer assez que cette invocation au Neptune du Walhalla germanique coïncidait avec la proclamation que

(41) *Op. cit.*, p. 279.

(42) M. DE NOUSSANNE tombe ici dans une erreur très répandue : nous avons montré que la mythologie odinique est germanique avant d'être scandinave.

l'avenir de l'Allemagne était « sur la mer ». Un wiking dévot, plaçant sa flotte naissante sous la protection du dieu de l'Océan germain, aurait-il agi autrement que le Kaiser ? L'*Hymne à Ægir*, composé par lui, dirigé par lui, sur le navire consacré au dieu, c'était un acte de foi : l'équivalent du baptême chrétien de nos vaisseaux.

Est-ce cette dévotion de Guillaume II envers les Ases sanguinaires qui lui a valu l'honneur d'être divinisé lui-même par les Odinistes pratiquants de l'Allemagne moderne. Car il y a, outre Rhin, des Odinistes *pratiquants :* c'est à cela que devait aboutir la débauche de suggestions païennes qui s'est donné carrière, dans les lettres et les arts, lorsque l'œuvre des frères Grimm eut tracé la voie. Notre éminent confrère Georges Montorgueil parlait récemment d'une association mystérieuse, l'*Odin Verein* (l'Union Odinique) dont le siège était à Munich et qui employait de larges ressources, dont l'origine est inconnue, à propager non seulement la mentalité païenne, mais le culte effectif des dieux du Walhalla (43). Or, l'image de propagande la plus répandue de cette association représentait le Kaiser sous l'aspect du dieu Thor.

De toutes les métamorphoses de Guillaume — qui a été successivement portraicturé en prophète Daniel, sur le porche de la cathédrale de Metz, en Godefroy de Bouillon sur le mont des Oliviers, à Jérusalem, et qui se fait aujourd'hui appeler, à Constantinople, Hadgi Mohammed Guilloum, pour plaire aux musulmans — de toutes ces métamorphoses, celle qui lui a donné les traits du dieu « dont le marteau détruira les cathédrales » est certainement la moins inattendue.

C'est sans doute à la propagande des membres de l'*Odin Verein* qu'il faut attribuer la diffusion de la poésie suivante, « le Dieu allemand », laquelle a été accueillie en Allemagne avec empressement et y jouit d'une popularité qui en dit long sur le réveil du sentiment païen chez ce peuple à qui pèse de plus en plus son piétisme de façade :

Les ennemis de l'Allemagne demandent, pleins de mépris :

— Vous, Allemands, vous appelez et vous priez Dieu

(43) Voir l'*Éclair* du lundi 14 Juin 1915.

Pour vous aider dans le combat.
Vous avez donc un Dieu à vous,
Que nous ne connaissons pas,
Qui est de votre côté ?
— Oui, s'écrie l'Allemagne entière, et si vous ne le connaissez pas
Nous allons vous le nommer :
Le dieu qui parle par nos canons,
Le dieu qui brise vos forteresses,
Qui bruit dans la mer sur nos falaises,
Qui ronfle dans le ciel avec nos avions,
Le dieu de nos épées qui vous remplit d'effroi,
C'est le même esprit tout puissant
Qui, depuis des siècles,
Plane au-dessus de l'Allemagne,
Qui tisse et brasse toutes nos vies,
Sur lequel nous nous appuyons.
Wotan, le vieux vagabond des nuées,
Le Wotan de nos pères, c'est lui et pas un autre.
Ce fut lui en qui Walter chanta (44),
Ce fut lui en qui Martin Luther batailla,
Le dieu qui avec nous souffrit misère
Et qui pourtant dans les ténèbres resta clair et vif
Dans Paul Gerhart et dans Johann Sébastien Bach.
Le dieu qui, avec Frédéric, coucha sur le champ de bataille,
Et qui, à la fin, nous apporta le nouveau jour,
Qui envoya à notre pays
L'aurore : Lessing et Kant !
Jusqu'à ce que le soleil se tint au firmament :
Johann Wolfgang Gœthe,
Et tous les esprits Maîtres immortels autour de lui !
Tout cela, c'était lui !
Le dieu que nous supplions aujourd'hui,
Qui nous nourrit d'un feu céleste,
L'esprit saint de l'Allemagne,
C'est lui que nous devons confesser.

« L'esprit tout puissant qui, depuis des siècles, plane au-dessus de l'Allemagne, Wotan, le Wotan de nos pères, c'est lui et pas un autre ». L'aveu, cette fois, est clair, dénué de toute ambigüité (45). Le renouveau de la vieille foi germa-

----

(44) WALTER VON DER VOGELWEIDE, mort en 1228, célèbre « minne-singer » allemand.

(45) Voir la reproduction de cette pièce de vers dans *La Conversion d'un Catholique germanophile*, lettre ouverte de M. Emile PRÜM, chef

nique, qui a passé par la période de l'érudition avec les frères Grimm, de l'enthousiasme littéraire avec les poètes et les dramaturges de 1815-1870, de l'émotion mystique avec Wagner, ce renouveau aboutit maintenant à une résurrection totale. Odin, Thor et les Ases ont retrouvé mieux que des fidèles : des adorateurs. Les genoux se ploient, les invocations montent vers le Walhalla, les sacrifices sanglants vont renaître (46)...

du Parti Catholique Luxembourgeois. Bibliothèque des Ouvrages Documentaires, 16, rue Alphonse-Daudet, Paris.

(46) Nous pourrions multiplier les témoignages à l'appui de notre thèse, mais il convient de nous borner. Contentons-nous donc de citer la « Confession d'un déserteur allemand » parue dans le *Temps* du 18 Juillet 1915. Ce déserteur, officier de réserve, fils d'un ingénieur allemand et d'une polonaise, avait été élevé en Pologne prussienne jusqu'au jour où il fit ses études supérieures. Il déclare :

« Ces études, j'ai dû les faire en Bavière, où je me suis senti tout d'abord
« terriblement dépaysé. La race y est toujours primitive, et *deux mille*
« *ans ont passé sur elle sans la modifier autrement qu'en surface. Le*
« *catholicisme qu'elle pratique est idolâtrie pure*, et elle ne songe qu'à
« la satisfaction de ses instincts. A l'université et dans les écoles d'ingé-
« nieurs où je me suis préparé à suivre la carrière de mon père, la
« grossièreté native de mes condisciples, déguisée sous un appareil
« pédantesque, m'a froissé. Je me faisais, parmi eux, l'effet d'un étranger.
« Trop de barrières, et beaucoup trop hautes, séparaient ma mentalité
« de la leur. En Pologne, le catholicisme est trop tiède, mais les plus
« incrédules le respectent et n'ont jamais songé à s'en détacher, parce
« qu'ils le considèrent à la fois comme l'éducateur de leur race et comme
« la meilleure garantie du maintien de l'instinct national. On est donc
« resté unanimement, sinon très catholique, tout au moins très spiri-
« tualiste et de tendances très idéalistes. Mes camarades, au contraire,
« se faisaient gloire du plus grossier matérialisme, affichaient le plus
« parfait mépris pour la doctrine catholique, *et ne connaissaient d'autre*
« *religion que celle de la patrie allemande et des vieux dieux alle-*
« *mands.*
« *Je ne connais pas de pays en Allemagne où la vieille mythologie ger-*
« *manique ait laissé des traces plus profondes qu'en Bavière. Pour les*
« *gens de la campagne, aujourd'hui comme jadis, les forces de la nature*
« *restent personnifiées dans une demi-douzaine d'êtres fantastiques dont*
« *ils ne connaissent plus les noms, mais dont ils donnent le signalement*
« *très exact, et qui ne sont autres que les dieux du Walhalla. Quand il*
« *tonne par une belle journée, sans un nuage, le paysan voit distinctement*
« *dans le ciel clair apparaître un vieillard en manteau bleu, à longue*
« *barbe, un gros bâton à la main, et sa force de conviction est telle que*
« *je l'ai vu bien des fois suggestionner et convaincre des sceptiques.*
« *Étonnez-vous que dans un milieu si bien préparé, à l'issue d'un siècle*

L'ODINISME ET LES ATROCITÉS

Ils vont renaître ? Mieux encore ! Ils ont recommencé...
Certaines pages vraiment horribles de la guerre actuelle, certaines atrocités systématiques de l'armée allemande ne s'expliquent pas en dehors d'une inspiration à caractère mystique. Les hommes qui ont ordonné tels et tels crimes, froidement et sans prétexte même léger, ces hommes sont, pour la plupart, des officiers d'une réelle valeur intellectuelle,

« *employé tout entier, par une multitude d'historiens, à remettre en*
« *lumière, avec une extraordinaire piété, les traditions, les mœurs et les*
« *lois de la Germanie primitive, les vieilles croyances, partout, aient*
« *refleuri. C'est maintenant un dogme, comme celui de la grande*
« *Allemagne, et d'autant plus universellement accepté qu'il donne à*
« *l'Allemand la fierté d'une religion à lui, pour lui seul, à part et au-*
« *dessus de toutes les autres nations.*

« Je ne voyais pas les choses alors comme je les vois aujourd'hui.
« Avec ma naïveté d'idéaliste slave — car je me sens en vérité beaucoup
« plus Slave qu'Allemand, — je considérais cet étalage de foi germanique
« comme un travers de jeunesse et une façon particulière de snobisme.
« Je n'ai été détrompé que le jour où je suis entré avec nos troupes en
« Belgique et où j'ai entendu prôner par mes chefs, comme des vertus
« allemandes, les brutalités les plus écœurantes et les plus déshonorantes
« cruautés.

« Nous passions dans une localité industrielle du pays wallon. Une
« jeune fille, plutôt une fillette, nous accueillit par un pied de nez. Un
« lieutenant la fit saisir, dégaina et lui trancha le poignet.

» — Ainsi soit puni, déclara-t-il, quiconque ose insulter le drapeau
allemand !

« Je connaissais la famille de ce sous-lieutenant, famille estimable entre
« toutes. Il avait été bien élevé. Dans la vie ordinaire, il ne se contentait
« pas de cette correction purement extérieure qui constitue le maximum
« d'exigences auquel l'officier allemand, dans sa grande majorité, se croit
« obligé de sacrifier. Il y joignait une certaine tenue morale, et son acte
« me parut d'autant plus atroce. J'appris plus tard que les officiers de
« l'active avaient reçu pour instructions, à leur entrée en campagne, de
« réprimer avec la dernière rigueur toute désobéissance, toute velléité de
« résistance, toute raillerie. Mon horreur n'en fut pas atténuée. J'avais
« été jusque-là bon Allemand : je me reconnus désormais d'une autre race
« et fis le serment de me soustraire, aussitôt que je le pourrais, à l'humi-
« liant contact de telles brutes. »

Ce que l'officier de réserve interwiewé par le *Temps* dit de la survivance
odinique en Bavière pourrait être rapporté non moins exactement de toute
autre province allemande — à l'exception peut-être du Palatinat et d'une
partie de la Prusse Rhénane, où le Christianisme a des racines plus
anciennes et plus profondes.

appartenant à la meilleure société germanique, aussi éloignés que possible du type de la brute vulgaire. C'est délibérément, sans colère apparente, simplement pour satisfaire un idéal de sang, qu'ils ont commis leurs épouvantables cruautés.

Qu'on lise plutôt les lignes suivantes, consacrées par Maurice Barrès au martyre de la petite ville lorraine de Gerbeviller, où, sans que les Allemands pussent reprocher aux habitants la moindre provocation, ils brûlèrent *quatre cent cinquante-cinq* maisons sur *quatre cent soixante-quinze* et fusillèrent de nombreux habitants.

Le témoignage que j'apporte consiste en une note autographe de sœur Julie. Sans y changer une virgule, je la verse dans le dossier de l'Histoire qui n'en possède pas de plus accablante à la charge de la culture allemande :

Le 24 août 1914, les Allemands ont fusillé quinze civils de Gerbeviller, par groupe de cinq, au lieu dit « la Presle », environ à un kilomètre de Gerbeviller, sur la route de Lunéville.

Pendant les préparatifs de l'exécution, le général Clauss, commandant le 60ᵉ régiment d'infanterie de Bavière, était assis sous un gros frêne, près d'une table sur laquelle se trouvait du champagne, à peu près à trente mètres du but de l'exécution : et il avait donné l'ordre de commencer le feu au moment où il lèverait son verre.

L'ordre fut exécuté.

C'est un soldat allemand qui a donné ses détails à M. Nicolas Rozier, conseiller municipal à Gerbeviller, le 24 août 1914, le jour même du feu et sang dans notre malheureux pays.

Sœur M. JULIE.

Gerbeviller, 14 juin 1915.

Là-dessus on s'arrête. Quel est ce cauchemar ? Se peut-il que l'Allemagne rêveuse en soit venue là ? Précisément. Elle a gardé son aptitude inouïe à se laisser persuader et mener par des rêves. C'est l'éternelle Allemagne, corrompue, fanatisée par sa haute idée chimérique de sa force et de notre faiblesse. Nous sommes là devant une épaisseur massive et brutale de rêverie germanique.

C'est une scène de leur Walhalla qu'ils sont venus installer dans cette douce prairie de la Mortagne.

Ce chef qui, le verre en main, donne le signal de massacrer sans jugement les civils sans défense, croit représenter les puissances éternelles d'ordre, de santé, de vitalité vierge, venant écraser et balayer le désordre, le mensonge, les résidus d'une race épuisée.

Le général Clauss, ses officiers et ses soldats, empoisonnés de boisson et de toutes les excitations, sont perdus dans l'épaisseur de leur rêve pangermanique comme d'autres le furent dans les constructions de Hegel et dans l'océan musical de Wagner. Ils sont là, saturés d'idéologie, séparés de la réalité, enfermés dans leur nuage criminel, et ils frappent en justiciers une certaine France imaginaire, une nation qu'ils tiennent pour intérieure et infâme. Ce sont des délirants qui poursuivent un fantôme.

Cette scène odieuse semble bien, comme le dit Barrès, venir tout droit du Walhalla. Et nous ne pensons pas nous tromper en disant que c'est un sacrifice odinique à la moderne dont le général Clauss a conçu le dessein et réglé l'ordonnance. Ce qui confirme notre impression c'est que *cette même scène*, avec les mêmes détails essentiels, revient souvent dans les annales allemandes (47). Mais la guerre actuelle, en déchaînant les hallucinés de l'Odinisme, a multiplié de tels actes à un point inconnu dans le passé.

Ne nous imaginons pas, d'ailleurs, que les auteurs de ces forfaits éprouvent la moindre gêne à en parler et à indiquer le sentiment qui les leur a fait commettre. Maurice Barrès reproduit dans la préface de ce livre les confidences faites par un blessé allemand au poète Jean Cocteau. Citons à nouveau ce témoignage, qui a paru dans la revue *Le Mot,* numéro du 1ᵉʳ mai 1915 :

... Je dois le détail de ces notes à un jeune blessé, professeur à Dusseldorf, lequel se débonde après un mutisme de plusieurs mois qui ressemblait à de l'hypnose.

(47) Alexandre WEILL, *La Guerre des Paysans*, p. 216, raconte le supplice de Melchior NONNENMACHER, le chef des paysans insurgés de 1525, exécuté après la bataille de Sindelfingen par ordre des princes confédérés : « ... Le « malheureux fut enchaîné à un pommier autour duquel il pouvait circuler « à deux pas de distance; puis le duc ordonna que tout autour de l'arbre « on mit deux cordes de bois pour rôtir son ami le musicien *finement* et « *lentement* (fein langsam gebraten). Lui-même et ses généraux y mirent « les premières bûches. Il faisait nuit. Le ciel était étoilé. A côté gisaient « pêle-mêle des morts, des blessés, des chevaux, des voitures, des affûts « de canon, et tout prêt du bûcher se trouvaient les prisonniers sur « lesquels le feu projetait ses ombres incandescentes. *A chaque soupir* « *que le malheureux supplicié poussait, les nobles jetaient un éclat de* « *rire et buvaient un coup.* Les prisonniers, la tête courbée sur la poitrine, « étaient là, pâles comme le marbre et tout pétrifiés d'horreur. L'agonie « du malheureux NONNENMACHER dura une heure entière. Quand il tomba « sans mouvement, ses camarades les prisonniers prononcèrent une prière « à voix basse tandis que les vainqueurs entonnaient une chanson cynique ».

« — On interprète mal, dit-il, notre *Deutschland über alles*. Il
« n'exprime pas que l'Allemagne est au-dessus des autres nations,
« mais qu'elle passe avant tout dans notre cœur. Mes camarades
« et moi pensions, au départ, marcher au suicide, mais nous mar-
« chions en chantant un choral, avec une sorte d'extase, que vos
« troupes prirent souvent pour une obéissance de brutes à nos
« chefs.

« *Et puis... et puis (und... und) il y a une chose que vous ne*
« *pourrez sans doute jamais comprendre. Avant que la guerre*
« *n'éclate, il y avait une grande effervescence de fanatisme chez*
« *nous. Près de Dusseldorf on se réunissait quatre fois par semaine*
« *dans la forêt et un vieux monsieur, Herr Ebel, nous prêchait*
« *l'amour de nos dieux de Germanie, dont Wagner nous donne une*
« *vague image.*

« *Herr Ebel nous fascinait, nous grisait et nous communiquait le*
« *goût, la nécessité possible des sacrifices humains.* Je vous affirme,
« monsieur, que bien des atrocités sont exactes. *Le tort de l'Alle-*
« *magne, c'est d'avoir honte de leur mobile*, comme ces gens qui
« rougissent de ce qu'on les rencontre *sortant de l'église* (sic)...

Je ne change rien aux sombres et naïfs aveux d'un jeune Germain
chargé de fatigue et de doute. On imagine les Herr Ebel prêchant
dans des forêts de Siegfried, pleines de murmures, de ténèbre et de
rossignols.

On se les imagine même si bien que les témoignages commencent à abonder sur le rôle voulu, médité, des apôtres de
l'Odinisme dans la préparation des atrocités germaniques.
La plupart de ces témoignages émanent des milieux univer-
sitaires, de beaucoup les plus profondément atteints par la
propagande de *l'Odin Verein* et des sociétés similaires. Voici,
par exemple, ce que déclare un lieutenant de réserve allemand, jadis professeur dans une ville de Thuringe, aujour-
d'hui blessé et prisonnier en France (48).

« Durant les mois d'été, qui ont précédé les hostilités, on vit
sortir des bois des hommes qui se donnaient des allures de pro-
phètes. Par les belles nuits de clair de lune, ils prêchaient au milieu
des clairières une religion singulière. *De vieux mythes païens y voi-*
sinaient avec des préceptes de la Bible. Le prophète annonçait des
temps mauvais, une rude épreuve pour l'Allemagne, d'horribles
calamités. *Le peuple germain ne s'en tirerait qu'en revenant à de très*
anciens rites, en acceptant tous les sacrifices, en pratiquant même

(48) *Echo de Paris* du 8 juin 1915.

les sacrifices humains. Il faut savoir se vouer aux dieux infernaux. Il faut offrir, comme nos ancêtres, du sang aux divinités inapaisées. Celui des femmes et des enfants leur est cher depuis la plus haute antiquité. »

L'officier en question ajoute que ces prêches se renouvelaient fréquemment et que les masses allemandes sont entrées en guerre fanatisées par des enseignements semblables. Les atrocités auxquelles il a assisté en Belgique ne lui paraissent pas avoir une autre origine.

CONCLUSION

Après ces aveux répétés des bourreaux eux-mêmes, la cause nous paraît entendue. Les divinités sanglantes du Walhalla, sur lesquelles il semblait que la rude main de Charlemagne eut refermée pour toujours la pierre du sépulcre, en sont sorties après dix siècles, toujours vivantes et affamées de carnage. C'est en leur honneur que tant de sang innocent a coulé, que tant de colliers de mains d'enfants ont été collectionnés, que tant de villes infortunées ont été réduites au quart de leur population par l'incendie et le massacre. Thor a satisfait sa haine pour les cathédrales gothiques, Odin s'est gorgé de sacrifices humains...

Il nous a paru d'un intérêt primordial de projeter sur cette importante question une lumière aussi complète qu'il est possible de la faire en l'état présent de la documentation. Nous y avons vu plusieurs avantages. L'intérêt de la science historique, d'abord. Ensuite, la démonstration que nos soldats, même les moins croyants, luttent à l'heure actuelle, sans s'en douter, *pour la cause même du Christianisme*, menacé par le plus épouvantable péril qu'il ait couru depuis bien des siècles. Enfin, la connaissance plus complète de cette âme allemande avec laquelle toute paix ne sera jamais pour nous qu'une trève tant que l'œuvre civilisatrice de Charlemagne n'aura pas été reprise, au delà du Rhin, avec des moyens assez puissants pour triompher de toutes les résistances.

Vaincre l'Allemagne, briser *à jamais* les ressorts de sa puissance militaire, *soumettre chez elle l'enseignement de l'His-*

toire, de la Philosophie (49) *et de toutes les Sciences Morales à un contrôle étroit et permanent,* voilà la tâche à accomplir si l'on veut assurer la paix de l'Europe. Nos gouvernants actuels n'ont vraisemblablement ni l'autorité ni la volonté nécessaires pour mener à bien une œuvre aussi gigantesque. Mais c'était un devoir pour nous que de définir le véritable caractère de la Kultur germanique et d'indiquer l'obligation où sont le Christianisme et la France de l'anéantir s'ils veulent subsister.

FLAVIEN BRENIER.

(49) Il n'est pas exagéré de dire que la Philosophie allemande apparaît, « dans son ensemble, comme une entreprise de rupture et de scission avec « la morale de l'Antiquité classique, soit païenne, soit chrétienne ; un « retour à la fois conscient et inconscient vers le culte du Dieu Tott ou « Tuiston, Dieu de la Force, Unser Gott, culte qui dormait au fond de « l'âme germanique ». (Gabriel HANOTAUX, *Revue Hebdomadaire* du 6 Février 1915, p. 6).

TABLE

ACHEVÉ D'IMPRIMER

le 30 Novembre mil neuf cent quinze

POUR

" ÉDITIONS ET LIBRAIRIE "

PAR

l'Imprimerie de l'Eure

GEORGES POUSSIN, Directeur

6, rue du Meilet, 6

ÉVREUX

www.ingramcontent.com/pod-product-compliance
Lightning Source LLC
Chambersburg PA
CBHW071328030726
47594CB00002B/576